Un GRAND Week-end

VENISE

Rio du Dorsoduro

VENISE

Venise change de visage comme de ciel, s'illumine ou se couvre de brume. Majestueuse, avec son Grand Canal bordé de palais et sa grandiose place Saint-Marc. Unique, de par son réseau de canaux labyrinthiques où voguent gondoles, *vaporetti* ou *topette*, les barques traditionnelles. Savoureuse, grâce à sa gastronomie qui a le goût de l'Orient et la fraîcheur de la mer. Intime, dans le quartier populaire de Castello, ou vivante à Cannaregio et Dorsoduro. À chaque voyage, la Sérénissime continue de nous enchanter.
Adresses coups de cœur, expériences uniques, visite des incontournables... *Un Grand Week-end* vous ouvre toutes les portes de la ville d'eau.

Le Grand Canal et Santa Maria della Salute

Notre auteur, Lucie Tournebize, est une Française qui vit au rythme de Venise. Passionnée d'Italie, elle raconte sa vision du pays sur son blog **L'occhio di Lucie** (L'œil de Lucie, http://occhiodilucie.com) Elle a posé ses valises à Cannaregio pour découvrir un visage authentique et unique de la Sérénissime, qu'elle partage avec nous au fil de ces pages.

Notre photographe, Romain Boutillier, s'est chargé du dernier reportage photo du guide. Il a pris plaisir à se perdre dans le labyrinthe des ruelles de Venise pour mieux capturer sa beauté. « Une impression de rêve », voilà ce qui lui reste de son séjour dans la lagune et de ses nuits passées à admirer le trafic sur le Grand Canal.

Un Grand Week-end sur les réseaux sociaux

Suivez-nous sur *Facebook*, *Twitter* et *Instagram* **@Ungrandweekend**

Vous y trouverez nos photos coups de cœur, nos expériences uniques et surtout une réponse personnalisée à toutes vos questions.

Et si vous y contribuiez ? Nous aimons beaucoup voir nos guides en voyage : postez une photo de votre guide en situation et taguez-nous, nous partagerons les plus belles et récompenserons régulièrement les plus appréciées.

2018 Les expos À NE PAS MANQUER

Fondazione Peggy Guggenheim

FONDAZIONE PEGGY GUGGENHEIM

➡ Marino Marini, Visual Passion

La fondation accueille, entre ses murs et dans ses beaux jardins, une exposition consacrée à l'artiste italien Marino Marini. Le sculpteur, dont la sulfureuse statue équestre se dresse déjà face au Grand Canal, sera mis à l'honneur dans cette exposition dédiée à son travail de peinture et de sculpture. L'occasion de (re)découvrir un artiste aux influences aussi bien étrusques que modernes.

Du 27 janvier au 1er mai 2018
Infos pratiques p. 57.

PALAZZO GRASSI

➡ Albert Oehlen, monographie

Pour la nouvelle édition de son cycle d'expositions consacrées à de grands artistes internationaux, le Palazzo Grassi accueille cette année le travail du peintre allemand Albert Oehlen. Plus de 85 œuvres aux compositions colorées retracent, dans un accrochage inédit, le parcours de l'artiste et sa recherche du dépassement des limites formelles, soulignant son attachement au rythme et à la musique.

À partir du 8 avril 2018
Infos pratiques p. 44.

Arsenale

GIARDINI E ARSENALE

➥ Biennale d'architecture

Les Irlandaises de l'agence Grafton Architects, Yvonne Farrell et Shelley Mc Namara, prennent les commandes de cette 58e Biennale d'architecture. Intitulé Freespace, l'événement présentera un dialogue entre l'homme et l'espace à travers le prisme de la générosité. Une façon, pour le grand public, de changer de regard sur l'architecture et le monde qui l'entoure.

Du 26 mai au 25 novembre 2018
Infos pratiques p. 79 et 81.

PUNTA DELLA DOGANA

➥ Dancing with myself

En partenariat avec le musée Folkwang d'Essen, en Allemagne, l'exposition fait dialoguer une centaine d'œuvres des collections de la Punta della Dogana avec celles du musée allemand, offrant un vaste panorama de l'art contemporain des années 1970 à nos jours. Sculptures, vidéos, peintures, photographies, installations... montrent l'importance de l'artiste à la fois en tant qu'acteur et matériau de sa propre création.

À partir du 8 avril 2018
Infos pratiques p. 59.

Les incontournables
DE VENISE

PLACE ET BASILIQUE SAINT-MARC

Seule place de Venise à porter le nom de *piazza*, signe de son importance dans la vie et le cœur des Vénitiens, l'immense place Saint-Marc ne se présente plus. C'est tôt le matin qu'elle est la plus belle, avant le débarquement du flot de touristes. Quant à sa basilique, riche de quelque 4 000 m² de mosaïques en façade, elle recèle d'innombrables œuvres d'art. Voir p. 26 et 27.

PALAIS DES DOGES

Le palais des Doges est l'exemple phare de l'architecture gothique à Venise. S'y cachent des salles toutes plus opulentes les unes que les autres, décorées tantôt par Véronèse, tantôt par le Tintoret. Au sous-sol, les prisons accueillaient les condamnés dans des cellules exiguës. Voir p. 29.

TEATRO LA FENICE

Le mythique opéra de la cité des Doges vaut largement la visite. Pour sa fabuleuse histoire - tous les plus grands compositeurs, chanteurs et chefs d'orchestre y sont venus - et pour la beauté de sa reconstruction achevée en 2003. Voir p. 38.

CHIESA SANTA MARIA DELLA SALUTE

À la croisée du Grand Canal et du rio della Salute se dresse l'église Santa Maria della Salute. Ce monumental exemple du baroque vénitien renferme des chefs-d'œuvre de la peinture italienne, comme *Les Noces de Cana* du Tintoret. Voir p. 58.

SCUOLA GRANDE DI SAN ROCCO

Imaginez deux étages entièrement décorés de peintures du Tintoret et vous aurez déjà une idée de cette pure merveille, édifiée au début du XVIe s. Le premier étage est particulièrement spectaculaire. Voir p. 71.

PUNTA DELLA DOGANA

L'ancienne Douane de la mer, à la pointe du Dorsoduro, accueille sur 5 000 m² les œuvres de grands artistes des XXe et XXIe s., comme Cy Twombly ou Maurizio Cattelan. Voir p. 59.

CA' REZZONICO

Ce majestueux palais du XVIIIe s., tout en marbre, trompe-l'œil et plafonds peints, est un magnifique exemple du faste des demeures vénitiennes de l'époque. Ses collections sont consacrées à la peinture vénitienne du siècle des Lumières, Canaletto, Tiepolo et Longhi en tête. Voir p. 60.

PONT DES SOUPIRS

Il est l'un des emblèmes de Venise ! Accolé au palais des Doges, le pont des Soupirs permettait le transfert des prisonniers du tribunal jusqu'à leurs cellules, situées de l'autre côté du canal, et inversement. C'est le seul pont entièrement fermé de la ville. Voir p. 74.

PONT DU RIALTO

Unique moyen de traverser le Grand Canal à pied pendant longtemps, le pont du Rialto est aujourd'hui encore le cœur de la cité, battant au rythme des foules qui le franchissent chaque jour. On s'arrête au sommet pour contempler la vue et le trafic des gondoles. Voir p. 66.

GALLERIE DELL' ACCADEMIA

Le plus grand musée de Venise possède une quantité de chefs-d'œuvre qui donne le tournis. Vous aurez ici un panorama éblouissant de la peinture vénitienne du XIVe au XIXe s. Voir p. 52.

BURANO

Située au nord de Venise, l'île de Burano enchante le regard. À l'origine, les façades des maisons furent peintes par les pêcheurs en couleurs vives, toutes différentes, pour qu'ils puissent se repérer et reconnaître leur maison en cas de brume. Burano est également réputée pour sa dentelle à l'aiguille, pratiquée depuis le XVIe s. Voir p. 105.

CA' D'ORO

L'un des plus beaux palais sur le Grand Canal ! Depuis ses balcons, la vue sur le Rialto est magnifique. Le palais abrite peintures, tableaux et bronzes religieux des XVe et XVIe s. Voir p. 91.

10 expériences UNIQUES

ARPENTER LES ZATTERE AU COUCHER DU SOLEIL

Loin de la foule de San Marco, on met le cap sur la pointe du Dorsoduro. Les Zattere (p. 55 et 56), en bordure de la Giudecca, offrent une balade romantique à souhait qu'affectionnent les Vénitiens, un cornet de glace à la main.

RAMER OU PAGAYER SUR LES CANAUX

Plus original qu'une balade en gondole et pour le même prix, on peut apprendre à manier la rame à la place du gondolier ou parcourir les canaux en kayak (p. 65). Sensations et changement total de perspective garantis !

PLONGER DANS LES SECRETS DU PALAIS DES DOGES

Alternative à la visite traditionnelle, le parcours « Itinéraires secrets » donne accès à des salles cachées et livre notamment l'histoire des services secrets de la Sérénissime (p. 29)...

MUSARDER SUR SAN PIETRO

À l'écart du flot touristique, l'île de San Pietro (p. 79) offre une autre vision de la ville et de merveilleuses découvertes : des ruelles aux demeures colorées, mais aussi une belle église en pierre d'Istrie au campanile penché...

GOÛTER AU MYSTÈRE DE VENISE DÉSERTE

Si vous rêvez d'une vision unique de Venise déserte et plongée dans le silence, sortez à l'aube et appréciez l'atmosphère mystérieuse des canaux nimbés de lumière, chaude l'été et brumeuse l'hiver.

PRENDRE UN VERRE AU MOLINO STUCKY

Sur l'île de la Giudecca, cet ancien moulin abrite désormais un hôtel tendance (p. 94). Au 8e étage, une terrasse avec piscine et une vue vertigineuse sur la cité des Doges s'apprécient un verre à la main, face au soleil couchant.

PROFITER DE LA BIENNALE POUR POUSSER TOUTES LES PORTES

Des docks de l'Arsenale (p. 79) à la salle de bal du palais Zenobio (p. 62), une centaine de sites habituellement fermés sont ouverts au public à l'occasion de la Biennale. Une occasion unique !

S'EMBARQUER POUR UN *BACARO TOUR*

La gastronomie locale se déguste debout, sous forme de *cicchetti* (amuse-bouches) au comptoir des *bacari*, ces bars populaires (voir p. 121). Sur les quais de la Misericordia ou dans les ruelles de San Marco, on se promène gaiement d'un bar à l'autre, jusqu'à la fermeture.

SE LAISSER PORTER VERS L'ÎLE DE TORCELLO

Hors saison, c'est l'île la plus poétique de la lagune (p. 107). Du haut de son campanile, le regard embrasse tous les méandres de l'eau et de la terre.

DÉCOUVRIR L'HISTOIRE DES MASQUES DE VENISE

Chez Ca' Macana (p. 183), des artisans organisent des ateliers de décoration de masque. C'est l'occasion d'en apprendre davantage sur l'histoire de ces accessoires, autrefois portés jusqu'à six mois dans l'année par les Vénitiens...

Un grand week-end SUR MESURE

Première fois à Venise ?

Suivez notre programme pour ne rien rater des incontournables de Venise. Nous avons découpé la ville en dix-sept quartiers. Évidemment, en trois jours, vous ne pourrez pas faire toutes ces balades. À vous de voir si vous voulez remplacer telle visite par une autre, en fonction de vos centres d'intérêt.

PREMIER JOUR

➡ Point de départ de votre périple, la place Saint-Marc est à découvrir à la lumière du petit matin (quartier 1). Visitez sa basilique et le palais des Doges, puis allez saluer le pont des Soupirs voisin (quartier 11), avant de grimper au sommet du campanile pour un bel apercu de la ville à 360°. Ne manquez pas l'escale au Caffè Florian, bijou du XVIIIe s.

➡ Dirigez-vous ensuite vers le Campo Santo Stefano, en admirant au passage le théâtre La Fenice (quartier 2).

➡ De là, faites votre choix parmi trois grands musées : le Palazzo Grassi (quartier 3) ou bien, de l'autre côté du Ponte dell' Accademia, les galeries du même nom (quartier 6), ou encore la fondation Peggy Guggenheim (quartier 7). Puis c'est déjà l'heure du spritz, à siroter, par exemple, chez Lo Squero (quartier 6) !

DEUXIÈME JOUR

➡ Après un bon petit déjeuner dans les Mercerie (quartier 5), grimpez sur le pont du Rialto (quartier 9). Tout près, le marché du Rialto est un plaisir pour les sens.

➡ Arpentez le quartier San Polo et ses ruelles jusqu'à la Basilica

La terrasse du Caffè Florian

dei Frari, puis la Scuola Grande di San Rocco (quartier 10), toutes deux exceptionnelles.

➡ Remontez le Grand Canal (*vaporetto* n° 1) jusqu'au Cannaregio pour découvrir la Ca' d'Oro (quartier 14). À moins que vous ne préfériez parcourir le Ghetto et ses synagogues ? Sur les quais de la Misericordia, profitez du cadre charmant pour prendre un verre ou dîner.

TROISIÈME JOUR

➡ De bon matin, le Campo Santa Margherita a l'allure d'une place de village (quartier 8). C'est le coin idéal pour faire les boutiques, tout en vous dirigeant vers les Zattere, d'où admirer la Giudecca. Découvrez la collection de la Punta della Dogana, puis entrez dans la baroque Chiesa della Salute (quartier 7).

➡ Il est temps de visiter la somptueuse Ca' Rezzonico (quartier 8) et de plonger dans les gloires passées de Venise.

➡ En *vaporetto*, retournez vers le pont du Rialto, puis admirez la lagune dans la lumière du soir depuis le toit-terrasse du Fondaco dei Tedeschi (quartier 5).

NOS CONSEILS DE VISITE

➡ La place Saint-Marc s'apprécie davantage tôt le matin, avant l'arrivée des touristes.

➡ Le marché du Rialto a lieu tous les jours, sauf le lundi.

Déjà venu ?

Vous connaissez déjà les incontournables de Venise ? Cap sur les îles de la lagune pour des promenades plus au calme et sur un quartier excentré mais charmant, Castello...

Burano

CASTELLO
(QUARTIER 12)

Castello, avec son Arsenale, ses Giardini – investis chaque année par les Biennales d'art ou d'architecture –, son Musée maritime ou la Scuola di San Giorgio degli Schiavoni, est plein de charme. La petite île de San Pietro, toute proche, est paisible.

LA GIUDECCA ET SAN GIORGIO MAGGIORE
(QUARTIER 15)

À quelques encablures du centre de Venise, ces deux îles sont facilement accessibles. Choisissez la Giudecca pour une promenade au calme sur les quais. Sur sa voisine, montez au sommet du campanile de San Giorgio Maggiore, qui offre une superbe vue sur la lagune.

MURANO, BURANO, MAZZORBO ET TORCELLO
(QUARTIERS 16 ET 17)

Ces îles plus éloignées (Burano, la plus lointaine, est à environ 40 min du centre de Venise) valent vraiment le détour. L'île de Murano, dédiée à la fabrication du verre, attire les touristes venus admirer les artisans. La petite Torcello, avec ses deux églises médiévales, est plus confidentielle, et la vue depuis son campanile est délicieuse. Enfin, Burano, avec ses ravissantes maisons multicolores, et Mazzorbo, avec ses vignes, reliées entre elles par un pont, sont un enchantement.

AVEC DES ENFANTS

Hormis les glaces, les parties de foot sur les *campi* et les grimaces des masques, les maisons colorées de Burano les amuseront. Les animaux sculptés dans les bas-reliefs, les histoires de gondoles et de carnaval stimuleront leur imagination...

Ils aimeront le **Museo di Storia Naturale** pour sa superbe galerie d'animaux naturalisés, ses collections d'insectes et de papillons, ainsi que le squelette d'*Ouranosaurus nigeriensis* reconstitué grandeur nature *(Fondaco dei Turchi, 1730, plan G6, Ⓥ Riva di Basio ou S. Stae ; ☎ 041 275 02 06 ; www.visitmuve.it ; juin-oct. : mar.-dim. 10h-18h ; nov.-mai : mar.-ven. 9h-17h, sam.-dim. 10h-18h, dernière entrée 1h avant ; entrée : 8 €, 5,50 € pour les - 14 ans, gratuit pour les - 6 ans).*

Le **Palazzo Grassi** organise des activités spéciales *bambini* où les enfants peuvent créer et s'amuser au sein même du musée *(☎ 041 240 13 04 ; www.palzzograssi.it ; avr.-déc. : les sam. à 15h à la Punta della Dogana, plan C4, Ⓥ Accademia ou Zattere, ou à 17h au Palazzo Grassi, plan G8 Ⓥ San Samuele ; durée 1h30 ; 8 €).*

À noter aussi que le **Palazzetto Bru Zane** propose des activités en famille autour de la musique, en français ou en italien *(Campiello del Forner o del Marangon, 2368, plan G7, Ⓥ San Tomà ; www.bru-zane.com).*

Arsenale

Fêtes & FESTIVALS

Janvier

Nouvel An

Sur la plage du Lido, de courageux baigneurs se retrouvent à midi pour le traditionnel bain du 1er janvier.

Befana

Dans la nuit du 5 au 6 janvier, les petits Vénitiens reçoivent bonbons et cadeaux pour fêter l'Épiphanie. En Italie, c'est une vieille dame aux allures de sorcière qui tient lieu de saint Nicolas.

Février-mars

Festa delle Marie

Début février se tient l'une des plus anciennes fêtes de Venise. Elle célèbre la victoire vénitienne de 943 sur des pirates venus enlever douze jeunes fiancées le jour de la fête des mariages. Un cortège formé par de jeunes gens en tenue d'époque relie l'église Saint-Pierre à la place Saint-Marc.

Carnaval

La fête la plus emblématique de Venise commence neuf jours avant Mardi gras et se termine le mercredi des Cendres. Si le Carnaval de Venise a perdu de son authenticité, il reste l'occasion d'un déploiement de faste tout à fait extraordinaire.
www.carnevale.venezia.it

Avril

Su e Zo per i Ponti

En avril est organisée une marche au cours de laquelle « on monte et on descend les ponts » de la ville. Les bénéfices de cette course sont reversés à des œuvres de bienfaisance.
www.suezo.it

San Marco

Le 25 avril, les autorités religieuses organisent une procession à la basilique en l'honneur du saint patron de la ville. La tradition veut que, ce même jour, les Vénitiens offrent un bouton de rose à leur dulcinée.

Mai

Festa de la Sensa

L'Ascension était la fête la plus importante de la ville sous la République. À cette occasion, le doge jetait un anneau dans l'eau en signe d'alliance avec la mer. Aujourd'hui, c'est le maire qui perpétue cette tradition. Vers 10h, il embarque sur un bateau, imité par nombre de Vénitiens. Une messe est ensuite célébrée, suivie de danses folkloriques.

Vogalonga

Le 2e dimanche après le jeudi de l'Ascension, des embarcations conduites par des milliers de passionnés de rame du monde entier participent à cette course d'endurance de 30 km entre les îles de la lagune. Le départ est donné en face du palais des Doges.
www.vogalonga.com

Biennale d'art contemporain

Des artistes internationaux investissent les jardins de la Biennale et d'autres lieux en ville, chaque année impaire de mi-mai à début novembre.

Biennale d'architecture

Elle a lieu les années paires, de fin mai à fin novembre. C'est l'occasion de participer à des visites guidées pour découvrir l'histoire d'un quartier ou à des ateliers, destinés aux adultes ou aux enfants.

Juillet

Festa del Redentore

Le 3e week-end de juillet, Venise célèbre la fête du Rédempteur pour commémorer la fin de la terrible épidémie de peste en 1575-1576. Dans la nuit du samedi au dimanche, un grand spectacle avec feux d'artifice, danses et chants rassemble toute la population.

Août

Mostra de Venise

Est-il encore nécessaire de présenter la Mostra ? Ce grand festival de cinéma réunit les artistes du septième art au Lido durant deux semaines en août et en septembre.

Septembre

Regata storica

La Régate historique a lieu le 1er dimanche de septembre depuis 1493. La compétition, qui oppose uniquement des gondoles à deux rames, est précédée d'un superbe cortège d'embarcations anciennes menées par des équipages en costume Renaissance.

www.regatastorica venezia.it

Octobre

Marathon de Venise

C'est le marathon qu'il faut, paraît-il, avoir couru au moins une fois dans sa vie ! Pour participer à cette épreuve très sportive, il faut vous rendre à Venise le 4e dimanche d'octobre.

www.venicemarathon.it

Décembre

Marché de Noël

Le marché de Noël a lieu chaque année, sur le campo Santo Stefano, du 1er au 24 décembre. Vous y trouverez des produits typiques, des décorations de Noël et des objets confectionnés par les artisans locaux.

Crèches

La tradition des crèches est bien ancrée dans la lagune. Chaque église accueillant des santons est signalée par une étoile lumineuse sur son parvis. Tous les ans, les édifices religieux redoublent d'originalité.

Plus d'infos sur Internet

Vous trouverez les dates exactes et le programme détaillé de chaque événement (en anglais et en italien) sur :

- **www.turismovenezia.it** ou **www.comune.venezia.it** pour les fêtes religieuses et les événements culturels ;
- **www.labiennale.org** pour la Biennale d'art contemporain, d'architecture, la Mostra, les festivals de danse et de musique contemporaines... ;
- **www.agendavenezia.org** pour les expos, concerts, traditions vénitiennes ;
- **www.visitmuve.it** pour tout ce qui concerne les musées de la ville (expos, tarifs, etc.) ;
- **www.carnevale.venezia.it** pour tout savoir sur le Carnaval, ses traditions et ses manifestations...

Visites

PAR QUARTIER

Ruelle de la pointe du Dorsoduro

À SAVOIR

Tour de l'Horloge

VISITER VENISE

Nous avons découpé la ville en **17 petits quartiers** que vous pouvez tous visiter à pied. Les quartiers 1 à 13 sont situés dans le centre de Venise et se rejoindront très facilement. Le Cannaregio (quartier 14) est un peu plus excentré, de même que l'Arsenale (quartier 12). Quant aux îles (quartiers 15 à 17), si leur taille vous permet de les visiter à pied, il vous faudra emprunter un bateau pour les rejoindre.

LIRE LES CARTES

Chaque visite est accompagnée d'un plan détaillé sur lequel nous avons placé tous les **points d'intérêt** du quartier. Les **pastilles de couleur** indiquent nos bonnes adresses de **restos,** de **bars** et de **boutiques.** Le numéro de la pastille colorée correspond à celui attribué à chacune des adresses. Reportez-vous au chapitre concerné pour lire la notice de l'établissement.

SE DÉPLACER

Pour aller d'un quartier à l'autre ou sur l'une des îles de la lagune, le moyen le plus simple est d'emprunter un *vaporetto*, l'un des gros **bateaux-bus** qui sillonnent le Grand Canal. Les arrêts sont assez rapprochés, et des ponts ou les *traghetti* (des gondoles où l'on voyage debout, p. 207) vous permettront ensuite de rejoindre l'autre rive. Mais dans le centre de Venise, finalement pas très étendu, le mieux est de **se déplacer à pied.** Vous découvrirez ainsi les petits canaux si typiques de la lagune.

Santa Maria della Salute

NOS CONSEILS DE VISITE

Pensez à emporter avec vous **un châle et des pantalons longs** pour visiter les églises ; les épaules nues et les shorts y étant interdits.

Préférez arpenter les lieux très touristiques (la place Saint-Marc, le pont du Rialto, notamment) assez **tôt le matin**, avant l'arrivée massive des visiteurs.

À la nuit tombée, le Grand Canal possède un charme certain... Profitez-en pour monter à bord d'un *vaporetto* (lignes 1 ou 2) pour une **croisière de nuit** : la circulation sur le canal est bien moins dense qu'en journée, et les façades des palais se reflètent dans l'eau.

La naissance de Venise

Née dans la boue, bâtie sur l'eau, élevée sur des milliards de pilotis, illuminée d'un destin hors du commun, Venise se dote d'une république quand l'Europe ne connaît que monarchies ou empires. Mieux : elle réussit l'exploit de maintenir son indépendance et sa puissance pendant mille ans !

AU DÉBUT, RIEN QUE DES MARÉCAGES !

Au Ve s., afin de fuir les invasions barbares, les Vénètes de la côte trouvent refuge dans la lagune, immensité saumâtre et inhospitalière. Pourtant, les marais qui cernent Murano, Burano et l'archipel du Rialto vont constituer un **rempart** aussi dissuasif que des murailles. Qui imagine alors que de ce site insalubre sortira une prodigieuse cité-État ?

DOMINER L'ADRIATIQUE

Les habitants assèchent les marécages, développent la pêche et le commerce. Venise conquiert la côte dalmate, la Crète, Chypre, Gênes - sa rivale -, Vérone, Padoue, Damas... Son empire s'étend jusqu'à la mer Noire et Constantinople. Elle **règne en maître sur l'Adriatique** et le trafic maritime entre Orient et Occident. Puissance internationale, Venise frappe sa propre monnaie, nomme elle-même ses évêques. Elle met au point le lazaret (léproserie) et le principe de la quarantaine.

UN COMMERCE FLORISSANT

Les marchands vénitiens profitent de l'essor de la cité au XIe s., œuvrant librement dans les ports de Méditerranée, jusqu'à Constantinople. Les riches marchands peuvent s'appuyer sur les **comptoirs** qui se multiplient, Venise devenant le passage obligé des épices, soieries et cotons en provenance d'Orient, alors que partent bois et cuivre d'Europe vers des contrées lointaines.

Le patron de Venise

À croire la longue et florissante histoire de la cité des Doges, saint Marc, dont le lion est l'animal-symbole dans la Bible, a été et reste un patron efficace. Il est rapporté que les reliques de l'évangéliste, premier évêque d'Alexandrie (où il fut martyrisé et enterré en 67), auraient été rapportées dans la Sérénissime en 828, dissimulées dans une carcasse de porc salé, par deux marchands vénitiens.

LA RÉPUBLIQUE DE VENISE : 697-1797

Le lion de saint Marc

Les institutions de Venise sont fixées vers 1300. Seuls les nobles, les riches familles d'armateurs, de marchands, ou les représentants les plus méritants du peuple participent à la vie politique. Le palais des Doges (Palazzo Ducale, voir p. 29) est l'épicentre de l'administration et du pouvoir. Le doge, élu ou tiré au sort, est assisté et surveillé par un **Grand Conseil** qui compta jusqu'à 2 000 membres à son apogée. Le Grand Conseil contrôle la cité et désigne les sénateurs. Un **Conseil ducal,** adjoint au doge, se compose de six membres sans l'avis desquels le doge ne peut rien faire, et qui le contraignent à respecter les décisions du Grand Conseil. Le pouvoir n'est donc pas réellement entre les mains des doges. Les lois, la multiplicité des charges et la complexité des modes d'attribution des mandats compriment autant les tentatives de tyrannie ou de manigances chez les élus et les doges que les désirs de rébellion du peuple. Si les intrigues sont nombreuses, reste que la politique sociale menée est cohérente, favorisant l'hygiène et l'assistance aux pauvres. Les *scuole* (écoles), laïques, joueront un rôle culturel et caritatif important.

UN DÉCLIN INEXORABLE

L'expansion de la cité lagunaire s'assombrit après une sévère guerre génoise (1378-1381), la grande peste du XIVe s. et la chute de l'Empire byzantin (1453), lorsque les Turcs prennent Constantinople. À la même époque, Christophe Colomb débarque en Amérique, le Portugal, la France et l'Angleterre prennent alors leur essor... La Sérénissime, toujours présente et solide, sera de tous les conflits du XVe s. mais entamera un déclin progressif.

DE BONAPARTE... AU TOURISME

Au XVIIIe s., malgré le déclin de la république de Venise, les élégants palais continuent de s'élever, les fêtes se succèdent, la cité-État éblouit toujours. En 1797, après la courte invasion française, où la ville se donne sans broncher à Bonaparte, la république de Venise est dissoute et, par le traité de Campo-Formio, l'ensemble du territoire est cédé à l'Autriche. En 1866, la Vénétie retourne au nouveau royaume d'Italie. Aujourd'hui, le tourisme et l'industrie pétrochimique de Porto Marghera permettent à Venise de prospérer encore et toujours.

1 La place Saint-Marc ET LE PALAIS DES DOGES

Restos & bistrots p. 111 | Boutiques p. 169

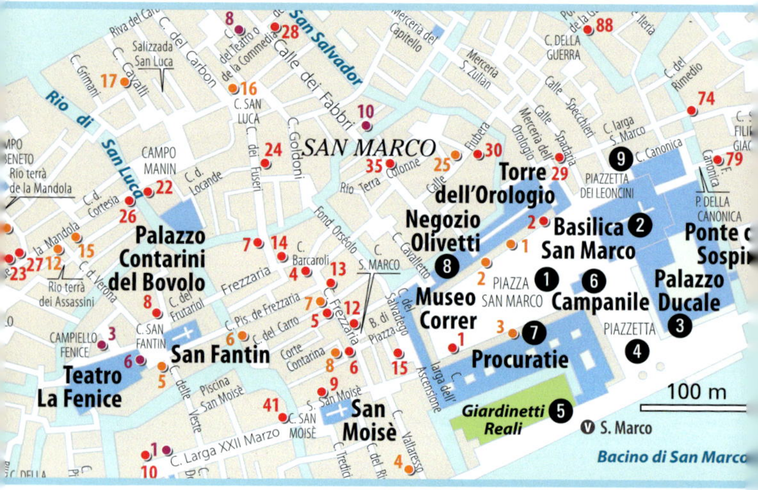

Des monuments éternels, des boutiques de luxe à ne plus savoir où donner de la tête, des foules qui se mêlent aux vols des pigeons, le tout sous le crépitement des appareils photo : voici « le plus beau salon d'Europe », selon le mot de Napoléon. Au petit matin, au soleil couchant ou encore la nuit, la place Saint-Marc est plus fascinante que jamais.

1 PLACE SAINT-MARC★★★

Piazza San Marco

Malgré la foule, impossible de se lasser de cette place. Elle n'est pas un simple *campo* : c'est la seule place de Venise à porter le nom de *piazza*. Les Vénitiens ont ainsi marqué l'importance de la place Saint-Marc dans la vie de la cité. La mythique place a toujours été *the place to be*. Dès le Moyen Âge, elle concentre l'essentiel de la vie politique et religieuse de la cité. La vie festive aussi : défilés des masques le dernier jour du Carnaval, réceptions d'ambassadeurs, foires avec charlatans et saltimbanques... C'est surtout depuis qu'elle a reçu un beau tapis de dalles (1723) qu'elle a des allures de salle de bal ! Pour admirer en toute sérénité ce lieu magique, installez-vous sur la terrasse de l'un des cafés de la place : le Quadri, le Florian ou le Lavena (voir p. 31 et 111).

Les Procuraties

Autrefois, les Procuraties étaient le lieu de résidence des procurateurs, magistrats chargés de l'administration de la cité. Leur notoriété était telle que l'architecte Victor Louis s'en inspira pour concevoir les édifices qui entourent le jardin du Palais-Royal à Paris. Des boutiques de luxe se cachent sous les arcades.

Les Procuraties

La tour de l'Horloge

Ornée des signes du zodiaque et du lion de saint Marc, la tour de l'Horloge (torre dell'Orologio), de style Renaissance, est surmontée de deux *Mori* (Maures), des figures de bronze noircies par le temps, qui sonnent les heures en frappant une grande cloche de leur maillet. Spectacle assuré durant la semaine de l'Ascension, pendant laquelle les Rois mages et l'Ange viennent s'incliner devant la Vierge et l'Enfant.

❷ BASILIQUE SAINT-MARC★★★

Basilica San Marco
La basilique Saint-Marc, aussi appelée *chiesa d'oro* (l'église d'or), fut pendant longtemps le lieu d'intronisation des doges de la cité. Trapue et toute ruisselante de ses quelque 4 000 m² de mosaïques, elle date du XIe s. Ce croisement de cultures occidentale et orientale contient des objets d'art innombrables. À la fin de la visite, n'oubliez pas de grimper à la galerie pour admirer la place entre les jambes des célèbres chevaux de San Marco (des copies, et alors ?).

La façade

Pour une mosaïque originale du XIIe s. (les autres sont des XVIIe et XVIIIe s.), direction le portail Sant'Alipio (premier à gauche) où l'on revit la translation des reliques de saint Marc dans la

Basilique Saint-Marc

basilique. C'est à l'influence gothique que l'on doit sculptures, pinacles et autres clochetons alambiqués qui éloignent Saint-Marc de sa première inspiration byzantine. Quant aux célèbres chevaux de bronze au-dessus du portail, dérobés lors du sac de Constantinople, ils symbolisaient, face à l'ennemi, la puissance militaire de la République.

La *Pala d'Oro*

Derrière le maître-autel, la *Pala d'Oro* (1345) est un extraordinaire retable d'or, incrusté de 80 émaux et de 1 927 pierres précieuses, réalisé à Constantinople (1105) à la demande du doge. Il n'était exposé aux regards des fidèles que les jours de fête. Le reste du temps, on le masquait derrière un autre retable (tout aussi beau !), la *Pala feriale*, conservé au Museo di San Marco.

Il Tesoro

À la suite du pillage de Constantinople en 1204, de nombreuses pièces d'orfèvrerie ont été rapportées à Venise. Le brûle-parfum, le calice d'or

Basilique Saint-Marc

et l'icône de saint Michel sont les pièces de choix de ce trésor.

Piazza San Marco • ☎ 041 270 83 11 www.basilicasanmarco.it • Lun.-sam. 9h30-16h45, dim. 14h-16h45 • Entrée : Museo di San Marco 5 €, *Pala d'Oro* 2 €, Tesoro 3 € ; accès libre à la Basilica.

❸ PALAIS DES DOGES***

Palazzo Ducale

Le palais des Doges est une merveille de gothique vénitien (1340-1424). Après plusieurs reconstructions et aménagements, il prit sa structure définitive au XVe s. Siège du gouvernement de Vénétie, il fut aussi la résidence familiale du doge. Riche, somptueux, décoré d'une multitude de peintures des plus grands artistes de l'époque, il mérite une demi-journée de visite.

Les façades

Les façades gothiques de ce palais sont étonnantes. Elles ont été construites selon le principe de l'inversion des masses datant du Moyen Âge, et l'on se demande comment des colonnes aussi fines arrivent à soutenir le reste de la structure. À l'intérieur, la cour entourée de ces magnifiques façades sculptées charme les visiteurs, tout comme l'imposant escalier des Géants, qui mène aux loggias.

Palais des Doges

La salle du Grand Conseil

C'est dans cette salle, la plus vaste du palais, que se réunissaient les membres de l'assemblée. Son plafond en bois sculpté et doré est agrémenté de peintures des célèbres Bassano, Véronèse ou Palma le Jeune. L'œuvre la plus impressionnante est *Le Paradis* - sur le mur du fond -, réalisée par le Tintoret avec l'aide de son fils entre 1588 et 1590. C'est la plus grande toile du monde.

Près de l'escalier d'Or...

... une boîte aux lettres : la *bocca della verità*, la bouche de la vérité ! Appelée aussi « gueule du lion », elle autorisait n'importe qui à dénoncer son prochain. Le dénonciateur, anonyme au début, dut au XIVe s. laisser tout de même son adresse pour pouvoir témoigner lors du procès. S'il s'avérait qu'il avait exagéré ou s'il s'était lourdement trompé, la peine de mort pouvait être prononcée contre lui. Cette boîte a plutôt bien fonctionné sous l'Inquisition...

Sinistres prisons

En quittant les ors du palais, une façade plus sombre se dévoile : les *prigioni*, si surpeuplées au XVIe s. qu'il fallut créer de nouvelles cellules de l'autre côté du canal qui longe le palais. Pour les rejoindre, les condamnés empruntaient le pont des Soupirs (voir p. 74), nommé ainsi à cause des longs soupirs poussés par ceux qui venaient d'apprendre leur peine. De tous ces cachots, les plus redoutés étaient les *piombi* (plombs), situés sous les toits, où la température en été pouvait dépasser les 50 °C... L'aventurier Casanova réussit à s'en échapper en 1756.

Piazza San Marco • ☎ 041 271 59 11 • www.visitmuve.it • Avr.-oct. : t.l.j. 8h30-19h ; nov.-mars : t.l.j. 8h30-17h30 ; f. de la billetterie 1h avant • Entrée : 20 € (billet couplé Museo Correr, Biblioteca Marciana, Museo Archeologico).

❹ PIAZZETTA★★

Avec ses gondoles amarrées au quai et l'île de San Giorgio Maggiore au loin, la « petite place » offre l'un des paysages les plus photogéniques de Venise. Les deux colonnes, l'une surmontée du lion ailé, symbole de saint Marc, et l'autre du Grec saint Théodore, premier patron de la cité, ont été rapportées d'Orient.

❺ GIARDINETTI REALI★

Au printemps, en franchissant le portail, le visiteur est accueilli par le parfum des fleurs à peine écloses. Le jardin royal, aménagé

La Piazzetta

en lieu et place d'anciens greniers à blé au début du XIXe s., était à sa création réservé aux habitants du palais. Aujourd'hui ouvert au public, il est l'endroit parfait pour une pause ombragée ou un pique-nique à l'écart de la foule de la place Saint-Marc.

T.l.j. 9h-19h.

6 CAMPANILE**

Cette tour de 98 m de haut offre l'un des plus beaux points de vue sur la ville. Phare pour les marins au XIIe s., elle fut une prison jusqu'à la fin du Moyen Âge. On y accrochait à mi-hauteur une cage de bois dans laquelle le condamné était enfermé, parfois à vie. Il s'effondra en 1902 sans faire d'autre victime que le chat du concierge, et on le reconstruisit à l'identique.

Piazza San Marco • ☎ 041 270 83 11 • T.l.j. : juil.-sept. 9h-21h ; Pâques-juin et oct. 9h-19h ; nov.-Pâques 9h30-15h45 (horaires très variables, il est conseillé de téléphoner) ; f. par mauvais temps • Entrée : 8 €.

8 NEGOZIO OLIVETTI*

Pour Adriano Olivetti, propriétaire de la célèbre marque de machines à écrire, l'architecte vénitien Carlo Scarpa a conçu cette boutique comme un écrin minimaliste dont l'étage est desservi par un escalier asymétrique. Machines à écrire et calculatrices d'après-guerre se laissent admirer telles des œuvres d'art.

Piazza San Marco, 101 • Mar.-dim. : nov.-mars : 10h30-17h30 ; avr.-oct. : 10h30-18h30 • Entrée 8 €.

9 VENINI**

Cette enseigne de verreries est l'une des dix qui comptent autour de la piazza San Marco ; les plus grands designers italiens ont travaillé pour elle (Gae Aulenti, Ettore Sottsass, Carlo Scarpa...). Créations accessibles... à partir de 80 €.

Piazzetta dei Leoncini, 314 • ☎ 041 522 40 45 • www.venini.com • Lun.-sam. 10h-19h.

7 Pour une pause mythique : Caffè Florian

C'est dans l'un des salons cosy du célèbre Florian, ouvert depuis 1720, qu'il faut savourer un spritz, après Mme de Staël, Alfred de Musset, Marcel Proust et tant d'autres... On y revient toujours pour déguster ses pâtisseries et découvrir un autre de ses salons. Un bijou.

Caffè Florian • Piazza San Marco, 56-59 • ☎ 041 520 56 41 • www.caffeflorian.com • T.l.j. : mars-oct. 9h-minuit ; nov.-fév. 10h-21h, 23h sam.-dim. • Café 6 €, spritz 12,50 €, + 6 € s'il y a de la musique.

Le carnaval de Venise

En février, la Sérénissime convie le monde et ses mystères au moment de son mythique Carnaval. Chaque année, ces dix jours et dix nuits folles font tourner la tête des visiteurs, car le spectacle reste supérieur à tous les clichés que vous aurez pu voir de la cité des Doges.

LE CARNAVAL

Autrefois, le Carnaval était la dernière fête autorisée par l'Église avant la période maigre du carême. Littéralement, il signifie l'« adieu à la chair » (*carne levare* : enlever la viande). Le carnaval de Venise se déroule pendant les dix jours qui précèdent le mercredi des Cendres (courant février). Il est alors impossible de trouver un logement sans avoir réservé des mois à l'avance, et parfois même d'accéder à la ville par la route.

UN PEU D'HISTOIRE...

Le carnaval de Venise est né vers le Xe s. Il connaît son apogée au XVIIIe s., époque pendant laquelle les festivités durent près de la moitié de l'année, d'octobre au carême. Des mois pendant lesquels le port du masque rend les genres ambigus, gomme les différences sociales et permet toutes les folies... Il devient **interdit d'interdire** : les casanovas lancent des coquilles d'œufs remplies de parfum sous les fenêtres des belles ; d'autres, plus subversifs, organisent des bals dans les couvents... Le Carnaval s'interrompt en 1797, à la fin de la république, et renaît en 1979 grâce

Les meilleurs spots du Carnaval

La place Saint-Marc reste LE cœur du Carnaval, où l'on peut admirer les plus beaux costumes, face à la lagune. Promenez-vous le long de la Riva degli Schiavoni ; belles photos garanties !

Le soir du jeudi gras et les week-ends, c'est à la **Pescheria** transformée en dancefloor que se ruent les jeunes dans des costumes modernes et délirants. Certains lieux, comme le **Morion**, organisent des soirées (Morion Centro Sociale, Salizada San Francesco della Vigna).

Sur le **Campo San Polo**, à **Santa Margherita**, le long des **Fondamente della Misericordia**, l'ambiance est authentique et animée dans les *bacari* et les nombreux bars qui les bordent.

à une association de Vénitiens. Les festivités, au début des années 1980, seront débridées et inventives. Mais le succès est si considérable que les touristes affluent. Avec eux, le Carnaval se fait certes moins spontané, mais reste cependant magique...

LES DIFFÉRENTS COSTUMES

Les **costumes du *tarocco*** évoquent les cartes du tarot utilisées pour prédire l'avenir. Ce sont les déguisements favoris des Vénitiens ou des touristes élégants. Ils sont concurrencés par la *maschera nobile,* habit de carnaval des aristocrates au XVIIIe s. Ce costume est formé de la traditionnelle *bauta* (masque blanc), du *tabarro* (une cape courte) et du fameux tricorne noir.

LES PERSONNAGES DE LA COMMEDIA DELL' ARTE

Si, au départ, les costumes étaient assez simples, au fil des carnavals ils se firent plus sophistiqués en puisant leur inspiration dans la **commedia dell'arte**. Représentant l'incarnation d'un vice ou du ridicule humain, les personnages se reconnaissent à leur silhouette et à leur masque (les personnages féminins en sont dépourvus). Voici les principaux déguisements.

Arlequin : valet de Pantalone, il fut d'abord un personnage cynique et grossier avant de devenir un acrobate comique, puis un serviteur sensible et naïf chez Marivaux ; il est vêtu d'un habit à losanges (rouges, orange et verts) et porte un masque noir.

Brighella : valet de Pantalone et image du fourbe, il use et abuse de stratagèmes pour parvenir à ses fins ; il porte un costume blanc rayé de diagonales vertes et un masque vert au nez cassé qui lui donne une allure vaguement effrayante.

Le Docteur : *il Dottore,* juriste de son état, est le type même de l'érudit bavard et prétentieux ; il porte des bas jusqu'aux genoux, une culotte et une cape noires sur une chemise et une collerette blanches ; son masque présente un front proéminent et un gros nez.

Pantalone : vieillard aussi maladivement amoureux que radin, il est la cible préférée des valets ; il porte un pantalon noir et un masque à moustache doté d'un long nez crochu.

Pulcinella : personnage comique et attachant vêtu de blanc qui porte un masque noir au nez crochu.

Scaramouche : subtil et hâbleur ; de noir vêtu, il se cache sous un masque noir au nez aplati.

2 Du Museo Correr
À LA FENICE

Restos & bistrots p. 111 | Bars & clubs p. 149 | Boutiques p. 169

Dans un quartier piqueté d'églises et strié de canaux et de *campi* tranquilles, Venise aligne ses magasins les plus chics, quelques-uns de ses meilleurs antiquaires et de belles galeries d'art.

❶ MUSEO CORRER★★★

Cet immense et beau musée (prévoir une demi-journée de visite) retrace les grandes heures de l'histoire de Venise et possède une belle collection de peintures - pas seulement vénitiennes. Il porte le nom de son fondateur, Teodoro Correr, un collectionneur touche-à-tout qui se passionnait autant pour la vie des doges et la sculpture (admirez, dès l'entrée, les sculptures de Canova) que pour la peinture et les objets domestiques. Résultat : le « Correr » est un musée où l'on ne s'ennuie pas pour un sou ! En plus, il y a des fiches explicatives en français dans la plupart des salles. On accède au Museo Archeologico et aux salles de la Biblioteca Nazionale Marciana depuis le musée.

Les Salles impériales

Elles ont été décorées spécialement pour accueillir les Habsbourg à l'époque où Venise faisait partie de l'empire d'Autriche (XIXe s.). D'où leur style un peu pompeux : tapisseries rouge et or, lustres de Murano... Seule Élisabeth alias Sissi en profita vraiment : elle y résida sept mois (1861-1862) et son boudoir est attendrissant (salle 6).

La Wunderkammer

Teodoro Correr (1750-1830) avait constitué dans son palais privé de San Zan Degolà un cabinet de curiosités *(Wunderkammer)*. Le voici, condensé dans neuf salles ! Profitez-en pour examiner de près la fameuse vue aérienne de Venise en six planches (1500). Elle est grande (4 m^2) et d'une incroyable précision : Jacopo de' Barbari a mis trois ans pour en dessiner tous les détails !

La Biblioteca Marciana

Au 1er étage, après le Musée archéologique, poussez la porte de la Marciana. Cette bibliothèque - l'une des plus importantes d'Italie - a conservé deux pièces superbement décorées au XVIe s. : le vestibule et le Grand Salon. Vous y verrez un Titien dans la première et plusieurs Véronèse dans la seconde.

Museo Correr

La Quadreria

Il vous reste encore un peu d'énergie ? Montez au 2e étage pour admirer les tableaux d'Antonello da Messina (sa *Pietà* est sublime), Giovanni Bellini et Vittore Carpaccio : ses *Deux Vénitiennes* (salle 38) ne sont pas des courtisanes, comme on le croyait encore récemment, mais deux sœurs attendant le retour de leurs maris. Les tourterelles symbolisent l'harmonie conjugale, et la femelle du paon, la fidélité...

Piazza San Marco, entrée par l'Ala Napoleonica • ☎ 041 240 52 11 • www.visitmuve.it • T.l.j. :été 10h-19h ; hiver 10h-17h ; f. de la billetterie 1h avant ; f. 1er janv. et 25 déc. • Entrée : 20 € (billet couplé palais des Doges, Biblioteca Marciana, Museo Archeologico).

❷ SAN MOISÈ*

Les Vénitiens étaient sans doute en mal de saints à vénérer. Alors, ils ont canonisé Moïse et lui ont dédié cette église (XVIIe s.) d'un baroque échevelé. Elle côtoie désormais la façade consternante de l'hôtel Bauer-Grünwald.

Campo San Moisè • ☎ 041 528 58 40 • T.l.j. 9h30-12h30 et 15h30-19h30 (en été horaires continus) • Accès libre.

❸ Pour une pause *cicchetti* : Da Carla

C'est un rendez-vous élégant où grignoter des *cicchetti* (voir p. 144) frais et croustillants (2,50-3 € pièce, ou 15 € l'assiette de *cicchetti* mixtes), que l'on peut accompagner d'une *ombra*. Cette *osteria con cucina* propose aussi une carte plus élaborée mais tout aussi créative (polenta aux seiches, ragoût de calamars...).

Corte Contarina, 1535
• ☎ 041 523 78 55
• www.osteriadacarla.it
• Lun.-sam. 9h-22h30.

❹ CALLE LARGA XXII MARZO**

L'artère smart de Venise par excellence, domaine des grands noms du vêtement, de la maroquinerie ou du souvenir haut de gamme, se prolonge sur la salizzada San Moisè et la petite calle Vallaresso. Sur ces Champs-Élysées locaux, même les banques ont des airs de monuments...

❺ GALLERIA CONTINI**

Sur trois étages, cette belle galerie d'art moderne offre une sélection d'œuvres de grands artistes internationaux comme Fernando Botero ou Robert Indiana, célèbre pour ses mots empilés (LOVE, HOPE...). Les expositions changent souvent et l'on trouve aussi bien des sculptures ou des tableaux que des photographies.

Calle larga XXII Marzo, 2288
• ☎ 041 523 03 57
• www.continiarte.com
• T.l.j. 10h30-13h et 14h-19h30.

❻ PALAZZO DARIO**

Ce ravissant palais (1487), qui dresse une façade aux allures de coffret à bijoux sur l'autre rive du Grand Canal, ressemble plus à une œuvre de sculpteur ou de peintre qu'à un travail d'architecte. Il fut la résidence de Giovanni Dario, qui assuma la périlleuse fonction d'ambassadeur de Venise auprès des Ottomans à la fin du XVe s.

F. au public.

Campo Santa Maria del Giglio

❼ SANTA MARIA DEL GIGLIO ET SON *CAMPO**

Le *campo* que domine la Chiesa del Giglio (église du Lys) est l'un des QG des gondoliers. Le soir venu, l'endroit résonne au son des sérénades des hommes en canotier. Un lieu pour rêver à la Venise éternelle.

Campo Santa Maria del Giglio
• ☎ 041 275 04 62 • Lun.-sam. 10h-16h30 • Entrée : 3 €.

Teatro La Fenice

8 TEATRO LA FENICE***

Tancrède de Rossini, *Rigoletto* ou *La Traviata* de Verdi, les plus grands compositeurs, chanteurs et chefs d'orchestre sont passés ici. Après deux incendies, deux destructions quasi complètes, La Fenice est redevenue la même, ou presque, et l'amour des Vénitiens pour leur théâtre est intact.

Un emblème ad hoc

Ornant les niches, Melpomène et Terpsichore, muses de la tragédie et de la danse, pourraient en raconter... Conçu par l'architecte Selva en 1792, le théâtre brûle une première fois en 1836. Refait par les frères Meduna, il est dévasté de nouveau en 1996 par un incendie. Venise décide alors qu'il renaîtra *com'era e dov'era* : comme il était et où il était. Le théâtre est reconstruit à l'dentique par les artisans vénitiens sous les ordres d'Aldo Rossi et inauguré en 2003. Certaines salles ont conservé des traces de feu sur des marbres et frises, une décision de l'architecte et des restaurateurs.

L'emblème de cet opéra ressemble à un aigle, mais c'est un *fenice* - un phénix - et rien ne peut mieux résumer aujourd'hui cette histoire.

La grande salle

Bleu, rouge et or. En apparence, tout n'est que bois, plâtre et papier mâché, ornementations végétales, chérubins ou allégories ornant les galeries des loges, nuée de nymphes soutenant un plafond doré à la feuille et peint d'un tel trompe-l'œil qu'on le croirait formé comme un dôme... Ne vous y fiez pas : la coque de la salle est en béton armé, le rideau de scène, malgré ses mille fleurs en cuir doré, est protégé hors des représentations par un mur coupe-feu... Les normes de sécurité sont drastiques, le cauchemar ne reviendra pas.

Campo San Fantin, 1965 • ☎ 041 24 24 (billetterie) • ☎ 041 78 66 72 (visite guidée) • www.teatrolafenice.it • www.festfenice.com • T.l.j. 9h30-18h (horaires réduits les jours de représentation) • Audioguide en français : 10 € • Visite guidée en français : 13 € (pour groupe de 11 pers. minimum ; résa. sur place ou par tél. ; durée : 45 min env.) • **Voir Sorties p. 150.**

❾ SAN FANTIN*

Face à La Fenice, ce magnifique édifice Renaissance en pierres blanches est l'œuvre conjointe de deux des meilleurs architectes de Venise, Scarpagnino et Sansovino. Ce dernier éleva le dôme sur quatre impressionnantes colonnes corinthiennes.

Campo San Fantin • T.l.j. 7h30-12h et 16h-19h • Accès libre.

Les arts de la Sérénissime

Depuis sa création, Venise n'a cessé de fasciner ambassadeurs et rois, écrivains et simples voyageurs. Elle le doit à ses architectes, à ses peintres - Véronèse, Titien, le Tintoret, puis Canaletto, Tiepolo ou Guardi - et à ses musiciens tels Monteverdi ou Vivaldi ! Rien de moins... Mosaïques d'ors, tableaux à foison, plafonds peints par milliers, cette ville hors du commun est éblouissante !

L'ÉLÉGANCE DE BYZANCE

C'est d'abord vers l'**art byzantin** que se tourne cette sœur de Constantinople, mais en imprimant sa griffe et en exprimant un besoin d'élégance bien à elle, par exemple en ajoutant à la **Basilique Saint-Marc** (XIe s.) une abside d'influence romane. Il en sera de même au siècle suivant, à la **Chiesa Santi Maria e Donato,** qui se reflète dans l'eau du Grand Canal de Murano. La Venise enrichie par le commerce avec l'Orient adopte tardivement le style gothique, au XIVe s. Les maîtres d'œuvre du **palais des Doges** font soutenir la lourde masse du 1er étage par une dentelle de pierre, et n'hésitent pas à inverser les lois traditionnelles de l'architecture. Partout ailleurs, dans les palais et les églises, les bâtisseurs privilégient l'élancement et la décoration fleurie.

LES ORS DE LA RENAISSANCE

La Renaissance triomphe sur la lagune au XVIe s. Les architectes Sansovino (1486-1570), auteur de la loggia du **campanile de Saint-Marc,** et sur-

Venise, berceau de l'opéra

En 1637, une troupe nomade donne un opéra dans un théâtre public de Venise. Le succès de ce coup d'essai entraîne la multiplication des théâtres et l'essor d'un art où Venise peut exprimer son goût des décors et des machineries, en bref son **besoin de paraître**. Chaque époque verra naître de purs chefs-d'œuvre qui influenceront l'ensemble de la production européenne : les opéras de Claudio Monteverdi (1567-1643), de Francesco Cavalli (1602-1676), d'Antonio Vivaldi (1678-1741) et de Gioacchino Rossini (1792-1868), le maître du bel canto. Pour goûter à ce magnifique répertoire, ne manquez pas de vous rendre au **Teatro La Fenice** (voir p. 38). C'est le moment ou jamais !

tout Andrea Palladio (1508-1580), qui dessine les formes géométriques dépouillées de la **Chiesa del Redentore** à la Giudecca et de **San Giorgio Maggiore,** en sont les deux meilleurs représentants.

Saint-Jérémie et le palais Labia de Marieschi

La **peinture vénitienne** donne à ce moment ses meilleurs talents. Giovanni Bellini (vers 1430-1516), inventeur de cette lumière dorée qui semble une lointaine réminiscence des mosaïques de San Marco, forme le subtil Giorgione (vers 1477-1510) et le « monarque de la peinture » : Titien (vers 1488-1576). Vittore Carpaccio (1455-1526) immortalise les fêtes de la Sérénissime, tandis que le Tintoret (1518-1594) ou Véronèse (1528-1588) iront encore plus loin dans cette veine théâtrale si spécifiquement vénitienne.

UNE VILLE ÉTERNELLE ET ROMANTIQUE

Au XVIIe s., Venise est victime d'épidémies de peste et de crises économiques. La production artistique en pâtit, mais elle se poursuit néanmoins jusqu'à la fin du XVIIIe s., alignant des noms aussi célèbres que celui de l'architecte Baldassare Longhena (1598-1682), à l'origine de la construction de **Santa Maria della Salute,** et que celui du dramaturge Carlo Goldoni (1707-1793), auteur d'une centaine de comédies. La peinture brille de ses derniers feux. Aux paysagistes comme Antonio Canaletto (1697-1768) ou Francesco Guardi (1712-1792), qui peignent la Sérénissime sous toutes ses formes, s'ajoutent la peinture de genre de Pietro Longhi (1702-1785) et le merveilleux talent de Giambattista Tiepolo (1696-1770), avec lequel l'école vénitienne s'éteint dans un feu d'artifice de couleurs et de trompe-l'œil.

VENISE ET L'ART CONTEMPORAIN

Avec la Biennale d'art contemporain qui convoque tous les deux ans les plus grands artistes du monde entier, la ville continue à se nourrir de l'art et des artistes. Certes, le modèle a changé, mais la scène artistique internationale continue de passer par Venise. Il suffit s'y rendre pendant la semaine d'inauguration de la Biennale pour sentir cette effervescence, ou encore de se promener dans son quartier le plus arty, la pointe du Dorsoduro (quartier 7), qui fourmille de galeries, pour s'en convaincre.

3 Autour du campo SANTO STEFANO

Restos & bistrots p. 113 | Boutiques p. 172

Des places larges et calmes au soleil, encerclées de ruelles et de petits ponts... Qu'il fait bon se perdre ici ! Hors saison, les langues de brume recouvrent les canaux et ajoutent à l'enchantement mystère et douce mélancolie.

❶ CAMPO SAN MAURIZIO*

Il laisse un bon souvenir, ce petit *campo* tranquille où s'élèvent la **Chiesa San Maurizio** (reconstruite au XIXᵉ s.) et la façade lombarde de la **Scuola degli Albanesi** (au nº 2762 ; XVIᵉ s.). Le **Palazzo Bellavite** vaut aussi le coup d'œil, bien qu'il ait perdu les fresques de Véronèse qui le décoraient. C'est dans ce cadre un peu flétri que se tient, plusieurs fois par an, le marché aux antiquités de Venise.

Santo Stefano

❷ SANTO STEFANO★★

Flanquée d'un campanile étonnamment penché, cette église s'ouvre par un remarquable portail de style gothique flamboyant (1442). Quelques peintures signées Vivarini, Palma le Vieux et le Tintoret se cachent sous la nef en carène et dans la sacristie.

Campo Santo Stefano • ☎ 041 275 04 62 • Lun.-sam. 10h30-16h30 • Entrée : 3 € ; sacristie : 3 €.

❸ LES *PALAZZI* DU CAMPO SANTO STEFANO★

Le campo Santo Stefano était autrefois recouvert d'herbe, et il a accueilli des courses de taureaux jusqu'au début du XIXe s.
Trois des plus grandes familles vénitiennes ont choisi cette place pour élever des palais tous plus somptueux les uns que les autres : les **Loredan** au XVIe s., les **Morosini** au XVIIe s., puis les **Pisani** au XVIIIe s.
Ne manquez pas également le Palazzo **Franchetti,** un édifice

Campo Santo Stefano

mêlant gothique et néogothique, entièrement restauré. Admirez la cage d'escalier et la vue sublime sur l'Accademia.

Expositions

Installé dans les Palazzi Loredan et Franchetti, l'**Institut vénitien des sciences, des lettres et des arts** organise chaque année des expositions à thème sur Venise - la Vénétie de Hemingway, la Biennale d'architecture, le verre de Murano...
Istituto Veneto di Scienze, Lettere ed Arti, Campo Santo Stefano, 2842 • ☎ 041 240 77 11 • www.istitutoveneto.it • Ouv. lors des expositions uniquement • Expositions : de 5 à 12 € • Deux visites guidées par mois du Palazzo Loredan, appeler pour les dates (sept.-mai uniquement) ; visite des autres palais possible durant la Biennale.

❹ PALAZZO GRASSI★★★

Construit pour la famille Grassi par l'architecte Giorgio Massari en 1730, ce palais gigantesque est le dernier élevé sur le Grand Canal. L'édifice, qui s'enfonçait dans la lagune, a été merveilleusement restauré en 1984 par Gae Aulenti et Antonio Foscari. L'escalier central, en marbre et décoré de trompe-l'œil du XVIIIe s. par Michelangelo Morlaiter, a alors retrouvé tout son éclat. Longtemps propriété de Gianni Agnelli (1921-2003), dirigeant de Fiat, qui avait transformé le *palazzo* en centre d'exposition international, il

❺ Pour une pause tradi : Al Bacareto

À la fois bar et trattoria, Al Bacareto est toujours plein ! D'abord parce qu'il est proche du Palazzo Grassi, ensuite parce que ses vins vénètes, ses amuse-bouches traditionnels *(cicchetti)* au comptoir et ses plats vénitiens attirent les habitués comme les touristes. Prenez une seiche au noir et sa polenta, des *fegato alla veneziana* (foies à la vénitienne), de la morue... ou simplement un verre.

Campo San Samuele, 3447 • ☎ 041 528 93 36 • www.bacareto.it • Restaurant : lun.-sam. 12h-15h et 19h-22h30 • Bar : lun.-sam. 8h-16h et 18h30-23h • F. août • Plats de 12 à 16 € ; verres de vin au bar de 3 à 5 €.

Palazzo Grassi

appartient aujourd'hui à l'homme d'affaires et collectionneur français, François Pinault, qui entama une autre campagne de restauration, dirigée par Tadao Ando, en 2005. C'est entre le Palazzo Grassi et la Punta della Dogana (voir p. 59) que l'industriel français partage désormais son impressionnante collection d'art contemporain.

Expositions temporaires

La fondation Pinault, présente et active dans plusieurs villes d'Europe, oriente ses choix vers l'art contemporain adaptant ses accrochages temporaires. De très belles expositions ont été présentées au Palazzo Grassi, notamment celles sur Marcel Duchamp, Dalí, Martial Raysse, Irving Penn ou tout récemment, Damien Hirst.

Campo San Samuele, 3231 • ☎ 041 200 10 57 • www.palazzograssi.it • Mer.-lun. 10h-19h ; f. de la billetterie 1h avant • Entrée : 15 € ; billet couplé avec la Punta della Dogana : 18 €.

4 Du Museo Fortuny AU CAMPO SAN LUCA

Restos & bistrots p. 113 | Bars & clubs p. 151 | Boutiques p. 174

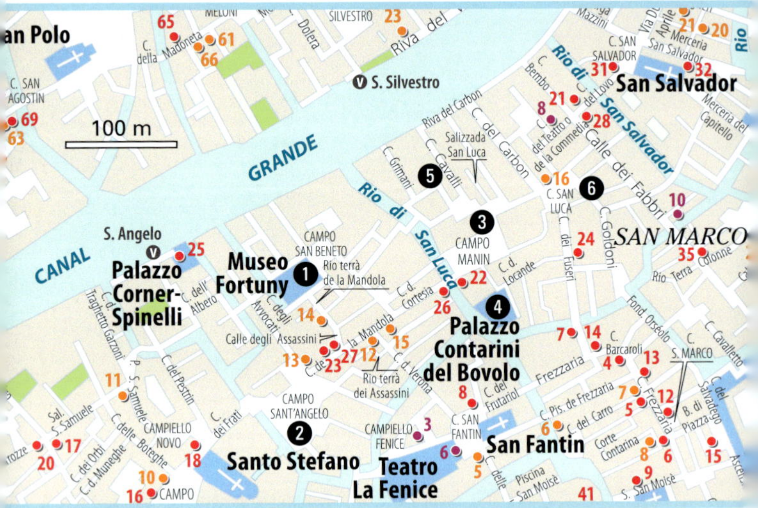

Ici, les magasins d'antiquités ont des allures de musées, et les artisans côtoient boulangeries, cafés de quartier et magasins propices aux coups de cœur. Pour vous sentir loin du monde, montez en haut du Palazzo Contarini del Bovolo !

❶ MUSEO FORTUNY★★

Ce musée dans les murs du splendide palais gothique Pesaro degli Orfei (XVe s.) présente des tissus auxquels l'Andalou Mariano Fortuny y Madrazo (1871-1949) a donné son nom. On s'y précipite pour tout savoir sur l'art du plissé et pour voir pléthore d'écharpes sublimes et autres robes de

Museo Fortuny

contes de fées qui font désormais partie de l'histoire de la mode.

Palazzo Pesaro degli Orfei, 3958 • ☎ 041 520 09 95 • www.visitmuve.it • Mer.-lun. 10h-18h lors des expositions ; f. de la billetterie 1h avant ; f. 1er janv., 1er mai et 25 déc. • Entrée : 12 €.

❷ CAMPO SANT'ANGELO*

C'est une place aristocratique, bordée de palais, où il fait bon se reposer avant d'attaquer un périple shopping dans les *calle* voisines. La Chiesa San Michele (l'archange), qui donna son nom au *campo*, a disparu. Il subsiste un petit oratoire orné d'un clocher. Le canal voisin et son pont ont beaucoup de charme.

❸ CAMPO MANIN*

Eh oui, le centre de Venise a aussi ses monuments du XXe s., comme cette Caisse d'épargne *(Cassa di risparmio)* élevée en 1968 sur le *campo*. Ce vaste quadrilatère porte le nom du révolutionnaire vénitien qui chassa les Autrichiens et proclama en 1848 l'éphémère république de Venise.

❹ PALAZZO CONTARINI DEL BOVOLO**

Renaissance, gothique, byzantin ? Bien malin qui pourrait le dire. Toujours est-il que cet étrange palais du XVe s., situé à l'écart des circuits touristiques, porte bien son nom de Palazzo del Bovolo (« escalier en colimaçon », en dialecte vénitien). Sa petite cour tranquille, son escalier ajouré évoquant de la dentelle de pierre blanche et ses cinq loggias sont irrésistibles et diablement photogéniques.

Corte Contarini del Bovolo • ☎ 041 309 66 05 • www.scalacontarinidelbevolo.com • T.l.j. 10h-13h30 et 14h-18h ; f. de la billetterie 30 min avant ; f. 1er janv., 15 août, 1er nov. et 25-26 déc.

❺ Pour une pause sur le pouce : Al Volto

Une excellente *enoteca* à deux pas du Grand Canal où vous picorerez des *cicchetti* très frais à l'assiette (sardines, légumes grillés...) ou des microsandwichs accompagnés de vins majoritairement italiens. Et si vous voulez déjeuner ou dîner assis, la carte reste vénitienne, avec morue, cigales de mer ou seiches...

Calle Cavalli, 4081 • ☎ 041 522 89 45 • T.l.j. 10h-15h et 17h30-22h • Plats de 12 à 16 €, verres de vin de 1 à 11 €.

❻ CAMPO SAN LUCA**

Sur ce *campo* sympathique et vivant, un socle en marbre marque le « nombril » de la ville. Une pause glace rafraîchissante est la bienvenue avant de replonger dans l'étroite calle dei Fabbri, très commerçante, ou d'enjamber le Pont du Rialto (voir p. 66).

5 Les Mercerie

Restos & bistrots p. 116 | Bars & clubs p. 152 | Boutiques p. 176

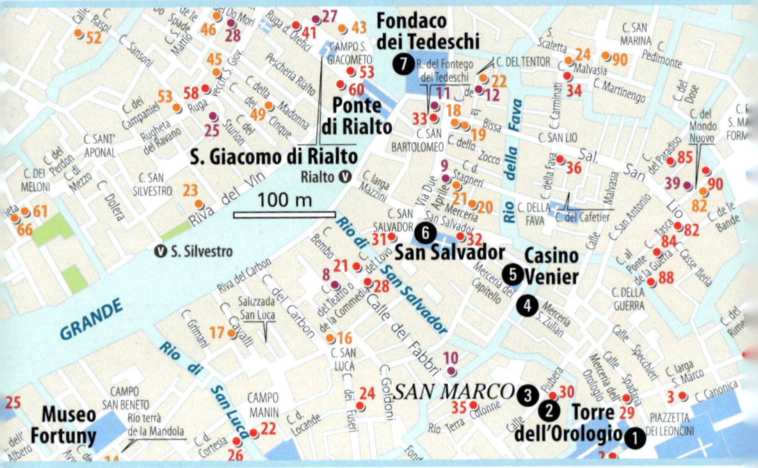

De la place Saint-Marc au Grand Canal, imaginez une galerie marchande à ciel ouvert, ajoutez des goulets d'étranglement, une succession de ponts et de vitrines qui ralentissent la progression d'une foule compacte... Voici les Mercerie (en vénitien Marzaria), ancien domaine des merciers et des marchands de tissus, aujourd'hui encore le quartier le plus animé de la ville.

❶ MERCERIA DELL'OROLOGIO★

Cette rue débute, comme son nom l'indique, sous la tour de l'Horloge (Torre dell'Orologio, voir p. 27) de la place Saint-Marc. Les commerces de cette *calle* étroite n'ont rien à envier à ceux de la *piazza* : bijouteries hors de prix, grands chausseurs, mais aussi quelques marchands de pacotilles alternant avec des *trattorie* pour touristes pas trop regardants.

❷ BOTTEGA D'ANGOLO★★

Cette délicieuse boutique, où les collections changent en permanence, a réussi l'exploit

❸ Pour une pause gourmande : Rosa Salva

C'est le café où se retrouvent les Vénitiens du quartier pour déjeuner sur le pouce d'un *tramezzino* (avec une préférence pour le tomate, *provola* et courgette) ou d'un petit sandwich. À compléter par un dessert, car ils sont tous délicieux et confectionnés à quelques *calle* de là : biscuits de Burano, *crostata* ou *fritelle* pendant le Carnaval, le plus difficile sera de faire un choix.

Calle Fiubera, 950 • ☎ 041 521 05 44 • www.rosasalva.it • Lun.-sam. 8h-20h • *Tramezzino* 1,70 €, pâtisseries de 1 à 4 €.

de reproduire les lampes Fortuny en verre de Murano. Le résultat est éblouissant de finesse et d'apparente légèreté. La maison est aussi spécialisée dans les verres, plats, bijoux et bagues remarquables. Lampes à partir de 450 €, colliers et boucles d'oreilles à partir de 15 €. Également une boutique à Murano (viale Bressagio, 30).

Calle Fiubera, 803 • ☎ 041 523 52 37 • www.bottegadangolo.com • T.l.j. 10h-19h.

❹ MERCERIA SAN ZULIAN★★

L'animation, le coude-à-coude et la bousculade des Mercerie ont eu raison de votre patience ? Dirigez-vous vers le campo San Zulian qui, en comparaison, a le calme d'une place de village. Dans le lacis de ruelles derrière l'église, en allant vers Santa Maria Formosa (voir p. 85), les commerces d'alimentation fourmillent. Porteurs criant « *Attenzione !* » aux passants se mélangent joyeusement aux touristes.

❺ CASINO VENIER★★

« Voir sans être vu », ce pourrait être la devise de ce joli *ridotto*, version miniature et « réduite » d'un palais vénitien. Ici, entre les murs et les plafonds décorés de stucs où le baroque se mêle au classique, la société vénitienne

Casino Venier

venait jouer ou converser.
À la mode, dès le XVIIIe s., les casinos étaient nombreux à Venise. Admirez les fresques, les sols en marbre, ou les miroirs d'époque, mais soyez discrets : les lieux sont aujourd'hui le siège de l'Alliance française qui y propose des cours de français ou des expositions.
Ponte dei Bareteri, 4939 • ☎ 041 522 70 79 • www.afvenezia.it • Lun.-ven. 9h-18h • Entrée libre, petit don bienvenu.

❻ SAN SALVADOR★★

Derrière sa façade baroque (1663), quelques merveilles :

San Salvador

une *Annonciation* et une *Transfiguration* de Titien ainsi qu'un *Repas à Emmaüs* (une copie d'époque) attribué à Bellini ou à son école. L'église, très remaniée au XVIe s., possède un remarquable sol en marbre polychrome et quelques monuments funéraires de doges et procurateurs dignes d'intérêt. En sortant par la porte latérale de l'église, vous pénétrez dans la merceria San Salvador et sa succession de boutiques de prêt-à-porter et de maroquinerie.
Campo San Salvador • ☎ 041 523 67 17 • www.chiesasansalvador.it • T.l.j. 9h-19h • Accès libre.

❼ FONDACO DEI TEDESCHI★★★

Pour accéder à l'un des meilleurs panoramas sur Venise, il faut pousser les portes de cet ancien entrepôt de marchands allemands devenu temple du luxe. Rénové par l'architecte Rem Koolhas, l'énorme bâtiment du XVe s. a rouvert ses portes en 2016 après huit ans de travaux.
Si les fresques de Titien et de Giorgione ont définitivement disparu de la façade, le lieu resplendit à nouveau. Montez au dernier étage, traversez la soupente où se tiennent des expositions temporaires et gagnez la terrasse. Face à vous, Venise étale ses toits rythmés de clochers ; en bas, le Rialto et

Fondaco dei Tedeschi

le Grand Canal se révèlent sous un nouveau jour. Le meilleur moyen de prendre les mesures de cette ville hors norme.

Calle Fontego dei Tedeschi • ☎ 041 314 20 00 • T.l.j. 10h-21h ; accès terrasse et soupente 10h-20h15.

6 Autour des Gallerie DELL'ACCADEMIA

Restos & bistrots p. 118 | Bars & clubs p. 153 | Boutiques p. 178

Le silence règne le long des *rio* tranquilles du Dorsoduro, tandis que l'air du large plane déjà sur les quais du canal de la Giudecca où passent souvent de gros paquebots. Vers San Trovaso, à l'ombre d'une église palladienne, on fabrique encore des gondoles, patiemment et méticuleusement, en se moquant du temps qui passe, à l'image de ce quartier poétique.

❶ PONTE DELL'ACCADEMIA★★★

Ce pont en fer, bâti en 1854 par les Autrichiens et démoli sous Mussolini, a été reconstruit à l'identique en... 1985 ! Il offre une très belle vue sur le Grand Canal et la succession de palais que domine la silhouette de la Chiesa della Salute.

❷ GALLERIE DELL'ACCADEMIA★★★

Le plus grand musée de Venise compte parmi les plus riches du monde. Il possède une extraordinaire collection de peintures vénitiennes du XIVe au XVIIIe s. L'Accademia fait l'objet d'une ambitieuse restauration, encore en cours, qui a déjà permis de valoriser les œuvres et de déployer les collections des réserves, offrant un panorama éblouissant de la peinture vénitienne du XIVe au XIXe s.

Un écrin à la hauteur

Après de longues années de travaux d'aménagement, la surface d'exposition est doublée, les salles restaurées... Le rez-de-chaussée, qui accueille des conférences, est consacré aux XVIIIe et XIXe s., ainsi qu'aux expositions temporaires. Dans l'entrée, une librairie permet de repartir avec un beau livre d'art. Au 1er étage, on retrouve les autres collections permanentes de l'Accademia, et parfois, des expositions temporaires.

Bellini, le Tintoret, Véronèse...

Mantegna et Giorgione s'affichent ensemble. Giovanni Bellini (1430-1516) est présent avec quinze peintures sur bois dont la *Vierge à l'Enfant* et les *Miracles des reliques de la sainte Croix*. Si les églises vénitiennes foisonnent de chefs-d'œuvre des enfants du pays, les Gallerie dell'Accademia en ont d'autres encore : *La Bataille de Lépante* (1571) et *Le Repas chez Lévi* (1573) de Véronèse, les toiles du Tintoret (1519-1594) et de Giambattista Tiepolo (1696-1770).

Le cycle de sainte Ursule

Le cycle de sainte Ursule de Carpaccio (1460-1525), inspiré de *La Légende dorée* (recueil de vies de saints datant du XIIIe s.), est l'un des clous de la visite. Le peintre y conte, en neuf

Gallerie dell'Academia

❸ Pour une pause glacée : Lo Squero

Aux beaux jours, la file d'attente devant ce glacier est impressionnante. Noix, vanille, noisette ou pistache seront un bon choix si vous résistez au grand succès de la maison, le sorbet à l'abricot. Également quelques chocolats, hors saison.

Fondamenta Nani, 990
☎ 339 910 15 00 • T.l.j. 10h30-21h • 3,80 € les 3 boules.

toiles de grand format, l'histoire de cette sainte. Saisissant !

Campo della Carità • ☎ 041 520 03 45 • www.gallerieaccademia.org • Lun. 8h15-14h, mar.-dim. 8h15-19h15 ; f. de la billetterie 1 h avant • Entrée : 12 € (+ 1,50 € de résa) ; gratuit le 1er dim. du mois.

❹ SQUERO SAN TROVASO★★★

Vous voyez le chalet d'alpage sur le bord du rio ? C'est le plus ancien *squero* (chantier de gondoles) encore en activité. Les gondoles y sont assemblées à la main, à partir de 250 pièces de bois, et recouvertes de sept couches de laque noire. Leur aspect actuel remonte au XVIIIe s. lorsque la République imposa une seule couleur (le noir), une seule forme et une taille unique : 11 m de long sur 1,40 m de large. On n'en compte plus aujourd'hui que 433.

F. au public mais visible depuis le quai (Fondamenta Nani).

Squero San Trovaso

Zattere ai Gesuati

❺ CHIESA SAN TROVASO*

L'église est dédiée à saint Gervais et à saint Protais… et vous apprendrez que *Trovaso* est une contraction de Gervasio et Protasio. Après avoir été détruit par un incendie, ce lieu de culte est reconstruit en 1590 dans un style classique. Entrez découvrir son petit trésor : le retable à fond d'or de Michele Giambono représentant saint Chrysogone à cheval (chapelle à gauche du chœur).

Campo San Trovaso • ☎ 041 522 21 33 • T.l.j. 8h-11h et 14h30-17h30.

❻ CHIESA DEI GESUATI*

La façade de l'ancienne église des Jésuites (XVIIIe s.) répond à celle du Redentore d'Andrea Palladio, située de l'autre côté du canal de la Giudecca (voir p. 96). À l'intérieur, un ébouriffant plafond en trompe- l'œil de Tiepolo (*Apparition de la Vierge à saint Dominique*).

Également appelée Santa Maria del Rosario, Fondamenta delle Zattere • ☎ 041 275 04 62 • Lun.-sam. 10h30-16h30 • Entrée : 3 €.

❼ ZATTERE AI GESUATI ET PONTE LUNGO***

Lorsque le soleil tourne à l'oblique, les Vénitiens goûtent la brise de mer qui rafraîchit les quais (littéralement, *zattere* signifie « pontons »). Ils y prennent aussi un verre, partagent des *cicchetti*, courent, bronzent ou viennent flâner en regardant cette lumière, douce comme un velours, inonder les Zattere.

7 La pointe DU DORSODURO

Restos & bistrots p. 119 | Bar & clubs p. 154 | Boutiques p. 179

Dominée par la coupole triomphale de la Chiesa Santa Maria della Salute, cette partie du Dorsoduro (le « dos dur » ou l'« épine dorsale ») est idéale pour se reposer de l'agitation de San Marco et prendre un grand bol d'air. Ses *calle* sont dotées de quelques galeries d'art dont l'incontournable Fondazione Peggy Guggenheim et la Punta della Dogana. Ne manquez pas les paisibles Zattere, le long du canal de la Giudecca, magnifiquement éclairés au coucher du soleil.

❶ LE LONG DES ZATTERE★★★

Des Zattere allo Spirito Santo et ai Saloni jusqu'à l'église Santa Maria della Salute, la balade est romantique... Après l'Académie des beaux-arts (qui ne se visite pas), l'église Santo Spirito et les anciens entrepôts de sel, on découvre le *rio* minuscule de la Fornace, exquis. Les Zattere, à toute heure, c'est divin !

❷ FONDAZIONE PEGGY GUGGENHEIM★★★

Entre l'église Santa Maria della Salute et les Gallerie dell'Accademia, la Fondazione Peggy Guggenheim est un autre des hauts lieux culturels de Venise. Vous pourrez y admirer l'une des plus belles collections d'art moderne en Europe. Riche héritière et muse des surréalistes, Peggy avait deux passions : ses chiens et l'art. La plupart des grands mouvements artistiques modernes et contemporains sont ici présents. Bonne librairie et expositions temporaires.

Le Palazzo Ca' Venier dei Leoni

À l'origine, ce palais devait être composé de quatre étages, mais, faute d'argent, les travaux n'ont jamais pu aboutir. Finalement, seul un étage a vu le jour, d'où son surnom de « palais inachevé ». Peggy Guggenheim, une milliardaire américaine excentrique, le trouva si original qu'elle l'acheta en 1949. Le bâtiment possède aussi un agréable jardin.

Fondazione Peggy Guggenheim

La collection d'une vie

Passionnée d'art contemporain, Peggy Guggenheim réunit entre 1938 et 1947 plus de 200 peintures et sculptures aussi originales que variées. Sa vie fut une succession d'amitiés et d'amours fantasques. Peggy se maria en secondes noces avec

❸ Pour une pause détente : Corner Pub

Un comptoir en bois, quelques tabourets, une arrière-salle pour s'installer autour de vraies tables et la radio qui crachote quelques tubes... L'ambiance est jeune et détendue à cette adresse, qui permet de s'offrir une *calzone*, une *focaccia* ricotta-épinards (4 €) ou un plat de pâtes pour quelques euros. Aux beaux jours, quelques tonneaux et tabourets sont installés à l'angle de la rue pour profiter de la vue sur le tout petit pont et le canal.

Calle della Chiesa, 684 • ☎ 349 457 67 39 • Mer.-lun. 8h-minuit.

Max Ernst, peintre surréaliste. C'est grâce à ses rencontres qu'elle put constituer un tel trésor artistique.

Cubisme, futurisme et surréalisme

Dans ce temple de la peinture et de la sculpture du XXe s., les salles regorgent de signatures toutes plus connues les unes que les autres. De Picasso, Magritte, Pollock, Miró ou Dalí à Mondrian et Kandinsky, en passant par Ernst, beaucoup de ces œuvres sont enviées par les plus grands musées du monde. Voyez aussi les sculptures de Brancusi, Marini et Calder, exposées sur la terrasse, face au Grand Canal. Un superbe voyage au fil du temps et des courants artistiques, dans un cadre enchanteur.
Palazzo Ca' Venier dei Leoni, 701 • ☎ 041 240 54 11 • www.guggenheim-venice.it • Mer.-lun. 10h-18h ; f. 25 déc. • Entrée : 13 €.

❹ ANDREA DA TOS**

Installé depuis 26 ans à cette adresse, Andrea a d'abord restauré des meubles, avant d'abandonner pour s'adonner à sa passion : la sculpture. Vous aurez peut-être la chance de le voir travailler à son établi, entouré de ses outils. Il transforme la terre et le bois en grenouille, chouette, serpent ou gondole, que l'on peut admirer sur des étagères disposées le long des murs (250 à 2 000 € l'œuvre).
Campiello Barbaro, 363 • ☎ 041 523 77 38 • www.andreadatos.it • Lun.-ven. 10h-13h et 14h-17h30.

❺ SAN GREGORIO*

Silence, on travaille ! C'est dans cette belle église du XVe s. que la majeure partie des œuvres d'art vénitiennes sont restaurées. Vu la richesse du patrimoine artistique de Venise, les ateliers ne chôment pas !
F. au public.

❻ SANTA MARIA DELLA SALUTE***

Venise éleva cette basilique à partir de 1631 à la croisée du Grand Canal et du *rio* della Salute pour remercier la Vierge d'avoir mis fin à la terrible épidémie de peste de 1629-1630, qui tua plus de 46 000 personnes, soit un tiers de la population de Vénétie. Les fêtes de la Salute, le 21 novembre, commémorent toujours l'événement. L'architecte Baldassare Longhena n'a lésiné ni sur les statues, ni sur les clochetons, ni sur le diamètre de la coupole… lui consacrant cinquante ans de sa vie. On se sent tout petit à l'intérieur de ce monumental exemple du baroque vénitien, et on en ressort vraiment abasourdi.

L'extérieur

Plus d'un million de pieux supportent l'immense édifice construit entièrement en pierre d'Istrie. Pour la première fois à Venise, l'architecte Baldassare Longhena proposa une église à plan central et de structure octogonale, une forme propre à évoquer une couronne dédiée à la

Vierge. Préféré à tous les autres par le Sénat, le projet incluait un gigantesque dôme, le plus grand de la cité, et un plus petit au-dessus du sanctuaire. Sa façade sur le Grand Canal s'ouvre par un arc de triomphe majestueux.

L'intérieur

À la différence de l'extérieur, d'un baroque exubérant, l'intérieur est sobre et mesuré, à la manière des églises de Palladio. Le pavement en étoile mène à six chapelles. Le sanctuaire abrite le maître-autel en marbre, signé encore Longhena. Remarquez aussi l'icône de la Madone della Salute, datant du XIIe s., et une *Descente du Saint-Esprit* de Titien (1546). N'oubliez pas d'aller contempler *Les Noces de Cana* du Tintoret, dans la sacristie, aux côtés d'autres Titien et Giordano.

Campo della Salute • ☎ 041 274 39 28 • T.l.j. 9h-12h et 15h-17h30 ; sacristie : t.l.j. 10h-12h, 15h-17h • Entrée de la sacristie : 4 €.

❼ PUNTA DELLA DOGANA★★★

La Punta della Dogana est un centre d'art contemporain de près de 5 000 m² exposant les œuvres d'artistes du monde entier. Après le Palazzo Grassi (p. 44), François Pinault a acquis l'ancienne douane maritime, construite en 1677 pour contrôler l'entrée des marchandises à Venise. L'architecte japonais Tadao Ando l'a réhabilitée et transformée en écrin minimaliste, dans le respect du bâtiment d'origine. Briques anciennes, poutres, structures d'acier et de béton, et superbes fenêtres forment un écrin épuré pour les œuvres de Jeff Koons, Maurizio Cattelan, Cy Twombly... Dehors, le cadre enchanteur évoque les toiles de Canaletto, inspirées par les anciens entrepôts.

Fondamenta Dogana alla Salute • ☎ 041 523 16 80 • www.palazzograssi.it • Mer.-lun. 10h-19h ; f. de la billetterie 1h avant (consulter le site) • Entrée : 15 € (billet couplé avec le Palazzo Grassi : 18 €).

Punta della Dogana

8 Du côté de la CA' REZZONICO

Restos & bistrots p.120 | Bars & clubs p. 154 | Boutiques p. 181

En bordure du Grand Canal, ce coin de Venise dévoile une merveille : la Ca' Rezzonico, palais du XVIIIe s. à la décoration intérieure splendide. Quant aux terrasses du campo Santa Margherita, elles sont la chasse gardée des étudiants. Le jour, on y trouve une Venise tranquille, villageoise et séduisante ; le soir, c'est l'un des lieux incontournables pour boire un verre.

❶ CA' REZZONICO★★★

La Ca' Rezzonico est aussi connue sous le nom de Museo del Settecento Veneziano. Ce vénérable bâtiment du XVIIIe s., avec sa sublime décoration intérieure de marbres, trompe-l'œil et plafonds peints, vous laissera pantois d'admiration et vous fera fantasmer sur les richesses que cachent les autres demeures de la Sérénissime. Le palais, rempli de meubles et de peintures de Longhi,

Canaletto, Piazzetta ou Guardi, donne un magnifique aperçu du faste du XVIIIe s. vénitien.

La salle de bal

Spectaculaire dès l'entrée ! Conçue par Giorgio Massari et décorée par Visconti et Crosato, cette salle s'étend sur toute la largeur du palais et sur une hauteur de deux étages. Le premier bal y fut donné en 1758 et permit à la famille de se rendre célèbre. Aujourd'hui, des concerts y ont lieu (renseignements sur place).

La salle de l'Allégorie nuptiale

Elle est intéressante pour la fresque du plafond, peinte par Tiepolo en 1757. Il la réalisa à l'occasion du mariage de Ludovico Rezzonico.

Ca' Rezzonico

La bibliothèque

Au 1er étage, rendez-vous au fond de la bibliothèque. On y trouve la lettre d'anoblissement de la famille Rezzonico, qui versa

Ca' Rezzonico

en échange de ce privilège la modique somme de 100 000 ducats.

Le 2e étage

Il abrite plusieurs grandes œuvres de la peinture du XVIIIe s., tels *Le Rhinocéros* de Pietro Longhi ou *Il Ridotto* et *Il Parlatorio* de Guardi. Vous pourrez aussi découvrir des meubles de style oriental et un clavecin sculpté.

Fondamenta Rezzonico, 3136 • ☎ 041 241 01 00 • www.visitmuve.it • Mer.-lun. 10h-18h (17h en hiver) ; f. de la billetterie 1h avant • Entrée : 10 €.

❷ SAN PANTALON**

Les amateurs de plafonds en trompe-l'œil - et même ceux qui s'y connaissent moins - ne rateront sous aucun prétexte celui de cette église. L'œuvre, une toile de 900 m² réalisée par Antonio Fumiani à la fin du XVIIe s., laisse le visiteur littéralement sans voix ! L'artiste, qui fit une chute mortelle en la réalisant, fut inhumé sur place.

Campo San Pantalon • ☎ 041 523 58 93 • www.sanpantalon.it • Lun.-sam. 10h-12h et 13h-15h • Accès libre.

❸ CAMPO SANTA MARGHERITA**

Une place au charme fou : cafés en terrasse, arbres sous lesquels prendre le frais, petites boutiques, marché certains jours, le tout entouré de hautes maisons des XIVe et XVe s.

❹ SANTA MARIA DEL CARMELO ET SCUOLA GRANDE DEI CARMINI**

Si l'église se révèle être un intéressant exemple d'architecture de la Renaissance, la *scuola* est une curiosité : l'ensemble de la décoration de l'étage supérieur a été réalisé entre 1739 et 1749 par le grand peintre vénitien Giambattista Tiepolo.

Campo dei Carmini • Église : ☎ 041 522 65 53 • Lun.-sam. 7h-12h et 14h30-19h, dim. 7h-12h et 17h-19h • Accès libre • Scuola : ☎ 041 528 94 20 • T.l.j. 11h-17h • Entrée : 5 €.

❺ PALAZZO ZENOBIO**

Derrière la façade sobre de ce palais de la fin du XVIIe s. se cache l'un des intérieurs baroques les plus splendides de Venise : la salle de bal surtout, avec son décor en trompe-l'œil et ses stucs en abondance...

Collegio Armeno Fondamenta del Soccorso, 2596 • ☎ 041 522 87 70 • www.palazzo-zenobio.com • Privé, sf lors de manifestations et de la Biennale : 10h-17h • Pour visiter la salle de bal (2 €), envoyez un mail à info@collegioarmeno.it.

❻ SAN SEBASTIANO***

Sous des dehors modestes, cette église cache l'un des cycles les plus éblouissants peints par Véronèse à Venise : une *Vie d'Esther* dans la nef, la Vierge,

San Sebastiano

l'Enfant et les saints du retable, la vie de saint Sébastien aux murs... Une œuvre imposante qui valut à l'artiste d'être enterré ici, au pied de l'orgue.

Campo San Sebastiano • ☎ 041 275 04 62 • Lun. 10h30-16h, mar.-sam. 10h30-16h30 ; f. de la billetterie 15 min avant • Entrée : 3 €.

❼ PALAZZETTO TITO★★

Le Palazzetto Tito, siège de la dynamique Fondazione Bevilacqua, offre son espace aux artistes contemporains. Cette fondation, née en 1898, porte le nom de sa créatrice, la duchesse Bevilacqua (c'est elle qui légua à la Ville son palais, la Ca' Pesaro, actuel musée d'Art moderne, voir p. 69), et a accueilli en son temps les œuvres de Boccioni, Martini, Basquiat, Bourgeois, Beuys ou Delaunay. Un autre lieu sur la place Saint-Marc, à côté de l'office de tourisme (Galleria di Piazza San Marco, 71/C, plan I8, ☎ 041 523 78 19).

Fondamenta Gherardini, 2826 • ☎ 041 520 77 97 • www.bevilacqualamasa.it • Mer.-dim. 10h30-17h30 (lors des expositions).

❽ Pour une pause *cicchetti* : Osteria ai Pugni

Si vous n'avez qu'une petite faim, optez pour ce bar lilliputien ! Le prix de ses boulettes de thon, de ses aubergines grillées et de ses sandwichs maison est très honnête. Ses quatre tabourets ont une vue imprenable sur le Ponte dei Pugni, le fameux pont « aux Poings » où s'affrontaient régulièrement, jusqu'en 1705, les deux grandes factions rivales de Venise : les Castellani (habitants de la partie est de Castello) et les Nicolotti (ceux de la partie ouest du Dorsoduro).

Fondamenta Gherardini, 2836 • ☎ 346 960 77 85 • Lun.-sam. 7h30-15h, dim. 10h30-23h • *Cicchetti* à partir de 1,50 €.

La Venise des Vénitiens

En se promenant dans le centre-ville, on se demande parfois où sont les Vénitiens. Si la splendeur de Venise saute aux yeux, sa vie de tous les jours est difficile à saisir. Pourtant, ils sont encore près de 50 000 à vivre Venise au quotidien, malgré les loyers élevés et les difficultés de circulation. Vous les croiserez partout sans vous en rendre compte, du Rialto à Cannaregio, le quartier le plus habité. Alors où sentir vibrer la Venise des Vénitiens ?

LA VIE SUR LES *CAMPI*

Dans une ville sans voitures, vivre dehors est une évidence. Pour pallier les appartements exigus et les jardins rares, Venise incite ses habitants à s'approprier les places. Autrefois, on y faisait paître les animaux ou pousser le potager, d'où leur nom de ***campo*, le champ.** À chaque heure, les *campi* s'animent différemment : on vient y boire le café au point du jour, puis ils vibrent du flux des passants avant de s'apaiser à l'heure du déjeuner pour se remplir à nouveau vers 16h. Les enfants débarquent à trottinette pour improviser des parties de foot pendant que les rires des parents résonnent. Sous les étoiles, ce sont les jeunes qui s'emparent des places pour refaire le monde.

Les plus authentiques des *campi* : San Giacomo dell' Orio, San Giovanni e Paolo, Santa Margherita, San Polo.

VENISE À LA RAME

Observez les palais et imaginez que chacune de leurs pierres a été transportée jusqu'ici à la rame ! Pendant longtemps, les livraisons des pro-

Vers un tourisme plus responsable

Venise peut-elle résister aux flux de visiteurs ? Comme la municipalité, qui a lancé la campagne **Enjoy Respect Venezia**, nous pensons qu'un tourisme responsable est possible. Cela passe par une consommation locale (souvenirs artisanaux, gastronomie vénitienne plutôt que fast-food), mais aussi par le respect des équilibres de Venise : ne pas nourrir les pigeons, faire attention à ses déchets... Ici, les règles de base revêtent une importance particulière ; non respectées, elles ont des conséquences démultipliées sur l'environnement, auquel l'existence de Venise est intrinsèquement liée (voir p. 82). La Sérénissime mérite bien quelques égards !

duits cultivés sur l'île de San Erasmo se sont faites au gré des marées, à bord des ***topette***, petites barques à fond plat menées par un ou deux rameurs debout. Aujourd'hui, les transporteurs motorisés ont pris la place de ces frêles embarcations : vous les verrez, le matin, envahir les canaux pour fournir restaurants et supermarchés en produits frais.

Jeunes rameurs vénitiens

Pourtant la rame survit, car les Vénitiens lui vouent une véritable passion. Dans une ville ou la première barque est plus importante que le premier scooter, voguer sur les canaux est tout à fait naturel. Les associations et les clubs se multiplient, pour le simple plaisir de se déplacer à la rame ou pour se préparer à la célèbre **Vogalonga**, une course qui relie San Marco à Burano. Ramer permet de mieux saisir le caractère de cette ville d'eau : son rythme, son vocabulaire, ses techniques de navigation, comme la *stagata* (un mouvement de rame) et, surtout, sa grande beauté vue des petits canaux plus intimes. Une façon unique de comprendre l'identité vénitienne.

Pour prendre un cours de rame : Venice on board · Fondamenta Contarini 3009/G · ☎ 342 961 01 66 · 40 € le cours de 1h30 + inscription à l'association. Pour un tour en kayak : BV Kayak · Calle Turlona 2866 · ☎ 344 264 99 55 · www.bvkayak.com · En journée 50 € pour 2h ; le soir (21h-23h) 60 €.

LES *SAGRE* VÉNITIENNES

Qui aurait imaginé trouver, au détour des *calle* labyrinthiques du quartier de Castello, une petite place animée où la foule se délecte de *bigoi in salsa* (gros spaghettis aux anchois) ou d'artichauts frits, devant un concert de rock ? C'est pourtant bien ce qui se passe à Venise pendant la **saison des *sagre* ! Grandes fêtes populaires,** elles sont organisées principalement en juin et juillet pour célébrer la récolte d'un produit local. Leur caractère solennel et religieux n'est plus : les Vénitiens se rassemblent désormais sur les *campi* pour fêter leurs produits, cuisinés à toutes les sauces, en dégustant une *ombra* de vin au son de concerts ou autres événements. Petits prix, grandes tablées, spectacles et marchés aux puces...Venise est bien vivante, et elle le prouve !

Les *sagre* les plus importantes sont la sagra di San Pietro in Castello et la sagra di San Francesco della Vigna. Consultez les dates et le programme sur www.veneziatoday.it/eventi/tipo/sagre

9 Du pont du Rialto À LA CA' PESARO

Restos & bistrots p. 122 | Bars & clubs p. 158 | Boutiques p. 184

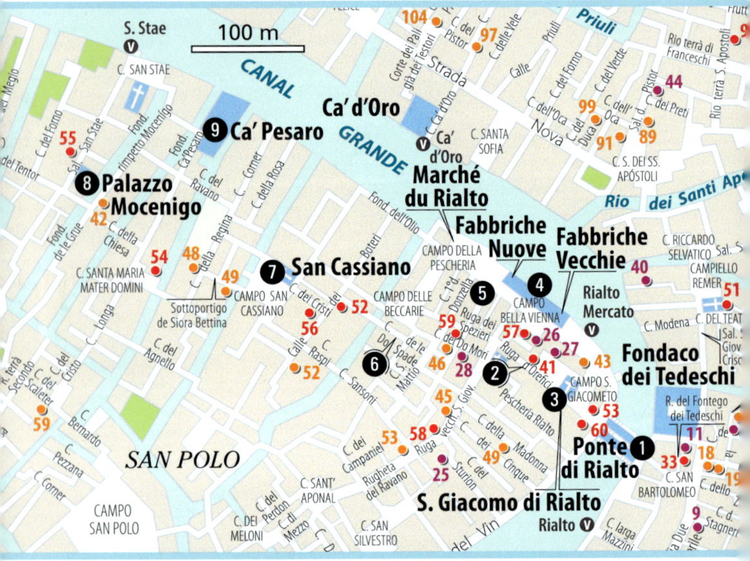

Le fameux pont du Rialto, où converge chaque matin, depuis des siècles, le Tout-Venise venu faire ses emplettes dans une ambiance animée, n'est qu'à une encablure de la Ca' Pesaro, qui renferme des trésors d'art moderne.

❶ PONT DU RIALTO★★★

Ponte di Rialto

Sans lui, Venise ne serait pas tout à fait la cité des Doges ! Jusqu'en 1854, le pont du Rialto était le seul moyen de traverser le Grand Canal à pied. Bâti en bois au XIIe s., puis souvent reconstruit, le pont du Rialto actuel, conçu par Antonio da... Ponte, est achevé en 1591. Cette structure audacieuse pour l'époque repose sur plus de 12 000 pilots, son unique arche de 7,50 m de haut permettant alors aux galères

Pont du Rialto

commerciales de remonter le Grand Canal jusqu'aux marché et *Fondaco* voisins. Comme à Florence sur le Ponte Vecchio, des orfèvres s'y sont établis. Plusieurs boutiques perpétuent cette tradition.

❷ RUGA DEGLI OREFICI ET RUGA VECCHIA*

La ruelle des Orfèvres (ruga degli Orefici ou degli Oresi) et la « vieille ruelle » (ruga Vecchia) ressemblent aux artères commerçantes d'un village. Elles sont extrêmement animées lorsque le marché bat son plein, entre 11h et 12h.

❸ SAN GIACOMO DI RIALTO*

Depuis le pont du Rialto, vous êtes à deux pas de la Chiesa San Giacomo di Rialto et de son beau portique à colonnes et chapiteaux de marbre. L'horloge du XVe s., dotée d'une seule aiguille en forme de rayon de soleil trottant sur un cadran à chiffres romains, renseigne toujours les habitués du quartier.

Campo San Giacomo, 1 • Entrée libre.

❹ FABBRICHE VECCHIE ET NUOVE★

Les anciens sièges des administrations du commerce, de la navigation et du ravitaillement, bâtis par Scarpagnino et Sansovino, dressent leurs arcades au bord du Grand Canal depuis le XVIe s. Ils abritent aujourd'hui le tribunal.

Campo San Giacomo • F. au public.

❺ MARCHÉ DU RIALTO★★

C'est après le *ponte* que l'on trouve les plus anciens et les plus célèbres étals de Venise. Celui de l'Erberia est dédié aux

Marché du Rialto

❻ Pour une pause authentique : Cantina Do Spade

Au XVe s., les Vénitiens aimaient déjà venir à la Cantina Do Spade, l'une des plus antiques *osteria* de la ville, pour goûter son vin et sa cuisine. Demandez au comptoir une portion de *calamari ripieni* ou autres *cicchetti* et installez-vous à la grande table collective. Si vous avez vraiment faim, testez les spécialités à la carte, comme les seiches à l'encre, un régal...

Calle de le Do Spade, 859 • ☎ 041 521 05 83 • www.cantinadospade.com • Mer.-lun. 10h-15h et 18h-22h, mar. 18h-22h • Seiche et polenta 14 €, *cicchetti* à partir de 1,50 €.

fruits et légumes, la Pescheria, aux poissons et aux fruits de mer fraîchement débarqués sur les quais du Grand Canal. Tous les Vénitiens viennent ici !

Campo della Pescheria • **Marché aux poissons :** mar.-dim. 7h-12h • **Marché aux fruits et légumes :** lun.-sam. 7h-13h30.

❼ SAN CASSIANO ET SON *CAMPO*★

L'église en elle-même est un patchwork de styles ; on peut y admirer une étonnante *Crucifixion* du Tintoret. Mais l'essentiel est dans le charme de ce *campo* tranquille que borde le rio Cassiano.

Campo San Cassiano • ☎ 041 72 14 08 • Lun.-sam. 9h-12h et 15h-19h.

❽ PALAZZO MOCENIGO★★

L'ancien palais du XVIIe s. de la famille Mocenigo (qui compta doges et procurateurs) est plus intéressant en lui-même que son musée du Tissu et du Costume. La verrière ou les lustres, les tentures ou les dorures du salon d'apparat, mais aussi les gravures familiales et le mobilier d'époque de ce petit palais aristocratique invitent à un doux voyage. Les mannequins costumés semblent habiter les lieux.

Santa Croce, 1992 • ☎ 041 72 17 98 • www.muve.it • Mar.-dim. 10h-17h (16h nov.-mars) ; f. 1er janv., 1er mai et 25 déc.• Entrée : 8 €.

❾ CA' PESARO★★★

Dans ce palais dessiné par Longhena (fin XVIIe s.) sont présentées les œuvres achetées lors des premières Biennales de Venise. La Galleria d'Arte Moderna abrite de véritables trésors, notamment un très beau Klimt. Et ne manquez surtout pas le fonds d'objets d'art japonais du Museo d'Arte Orientale (situé au dernier étage).

Galleria d'Arte Moderna e Museo d'Arte Orientale, Fondamenta Ca' Pesaro, 2076 • ☎ 041 721 127 • www.muve.it • T.l.j. avr.-oct. : 10h-18h ; nov.-mars : 10h-17h ; f. de la billetterie 1 h avant • Entrée : 14 € (avec expo).

10 Autour de la BASILICA DEI FRARI

Restos & bistrots p. 125 | Bar &, clubs p. 159 | Boutiques p. 186

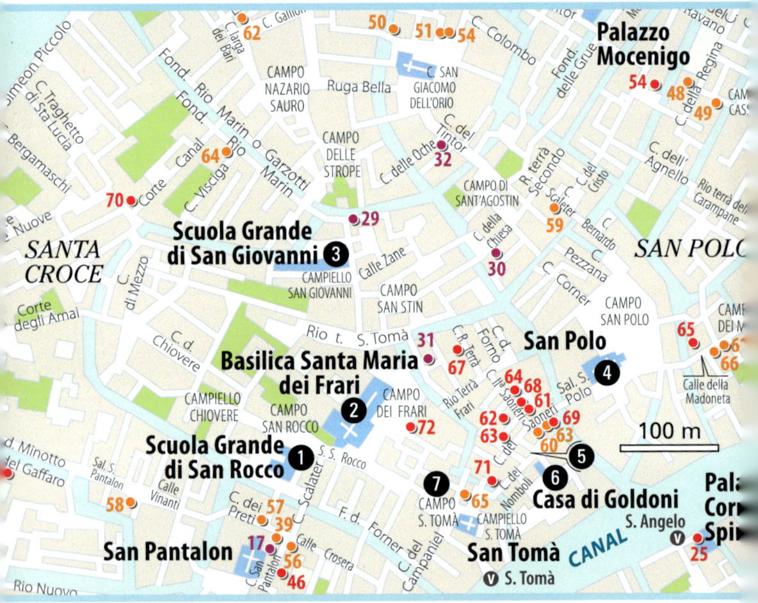

La maison de Goldoni, l'exceptionnelle Basilica dei Frari, où reposent Monteverdi et Titien, la Scuola Grande di San Rocco, décorée par le Tintoret... Le quartier Santa Maria dei Frari, à l'écart du Rialto et de ses touristes, possède une indéniable richesse patrimoniale, un dédale de ruelles, des culs-de-sac... C'est aussi dans ses ruelles que se trouvent les plus jolies boutiques de la ville, de l'artisanat traditionnel à la plus pointue des boutiques de mode... et quelques bars où commencer la soirée.

Scuola Grande di San Rocco

❶ SCUOLA GRANDE DI SAN ROCCO★★★

Édifiée au début du XVIe s., cette *scuola* est le temple de l'œuvre du Tintoret. Le 1er étage est vraiment spectaculaire. Du sol au plafond, le Tintoret y a peint des scènes de l'Ancien Testament, donnant vie à un nombre impressionnant de personnages. L'émotion est prenante dans la Sala dell'Albergo, la seconde salle du 1er étage de la *scuola*, où se dévoile la dramatique *Crucifixion*. Un coup de pinceau révolutionnaire pour cette toile du Tintoret (1565) avec ses jeux d'ombre et de lumière. Les fanas de Jacopo Robusti ne manqueront pas non plus l'église Renaissance adjacente, dédiée à San Rocco.

Campo San Rocco • ☎ 041 523 48 64 • www.scuolagrandesanrocco.it • **Scuola :** t.l.j. 9h30-13h et 14h30-17h30 • **Chiesa :** t.l.j. 9h30-17h30 (9h30-12h30 les 1er janv. et 25 déc.) • Entrée : 10 €.

❷ BASILICA SANTA MARIA DEI FRARI★★★

Grandiose, imposante, écrasante, bouleversante... Dans cette église édifiée par les franciscains entre 1340 et 1443, le gothique vénitien atteint une perfection inégalée. L'intérieur abrite certaines

Basilica Santa Maria dei Frari

des plus grandes œuvres d'art que Venise ait produites. Entre une sculpture de Donatello, la géniale *Assomption* de Titien (au maître-autel) – dont on a dit qu'elle était le plus beau tableau du monde –, le Bellini (dans la sacristie) et l'étrange monument funéraire pyramidal de Canova, c'est un véritable feu d'artifice.

Campo dei Frari • ☎ 041 275 04 62 • www.basilicadeifrari.it • Lun.-sam. 9h-18h, dim. 13h-18h • Entrée : 3 €.

❸ SCUOLA GRANDE DI SAN GIOVANNI★★

Elle vaut surtout le coup d'œil pour son monumental portique extérieur en marbre, signé Pietro Lombardo (vers 1480) et surmonté d'un aigle, symbole de l'évangéliste Jean (Giovanni). Des visites guidées de la *scuola* et de l'église sont également possibles, mais seulement sur r.-v., en contactant les bureaux (lun.-ven. 9h-18h).

Campiello San Giovanni • ☎ 041 71 82 34 • www.scuolasangiovanni.it • Visite libre les jours ouvrables : 9h30-17h (calendrier sur le site Internet) • Entrée : 8 €.

❹ SAN POLO ET SON *CAMPO*★

Ce *campo* s'anime lors du Carnaval. L'église, sobre, abrite quatorze petits tableaux de Tiepolo fils et des œuvres du Tintoret et de Véronèse.

❺ Pour une pause panini : Bar ai Nomboli

Une petite halte s'impose dans ce bar qui ne paie pas de mine, près de San Tomà, pour déguster de bons paninis (autour de 6 €). Un exemple parmi les dizaines de mariages surprenants et savoureux : le panini crevette-roquette-artichauts !

Rio terrà dei Nomboli, 2717/C • ☎ 041 523 09 95 • Lun.-ven. 7h-21h, sam. 7h-15h30 (en août, f. 2 sem. et les sam.).

Casa di Goldoni

☎ 041 275 04 62 • Chiesa : lun. 10h30-16h, mar.-sam. 10h30-16h30 • Entrée : 3 €.

❻ CASA DI GOLDONI*

La maison natale du dramaturge vénitien Carlo Goldoni (1707-1793), auteur, entre autres, des *Rustres* et de *La Locandiera*, est un musée depuis 1931. Quelques objets, livres d'époque et œuvres retracent la vie de l'artiste. Ne manquez pas la belle cour intérieure.

Palazzo Centani, Calle dei Nomboli, 2794 • ☎ 041 275 93 25 • www.visitmuve.it • Jeu.-mar. 10h-17h (16h en hiver) ; f. de la billetterie 30 min avant • Entrée : 5 €.

❼ CAMPO SAN TOMÀ**

Cette petite place est dominée par la sobre **église San Tomà** du XVIIIe s. En face, l'ancienne **Scuola dei Calegheri** (école des cordonniers) dont le portail (1478) est surmonté d'un bas-relief de Pietro Lombardo représentant saint Marc et le patron de la guilde des cordonniers (Scoleta dei Calegheri).

11 La Riva degli Schiavoni ET LE PONT DES SOUPIRS

Restos & bistrots p. 129 | Bars & clubs p. 160 | Boutiques p. 191

À côté de la place Saint-Marc, sur la Riva degli Schiavoni, façades et palais embrassent l'une des plus belles vues du monde. Seule une poignée de visiteurs va plus avant, et c'est tant mieux : un minimum de calme s'impose pour découvrir les beautés de Castello, immortalisées par Canaletto.

❶ PONT DES SOUPIRS★★★

Ponte dei Sospiri
Bâti en 1614, il reliait les cellules au tribunal du Palais des Doges. Les prisonniers le traversaient en soupirant - surtout au temps de l'Inquisition -, d'où son nom. Ce pont a la particularité d'être entièrement fermé (c'est le seul bâti ainsi à Venise), de sorte que l'on ne puisse pas entendre les cris et lamentations des condamnés, mais aussi pour éviter toute tentative d'évasion. Vous pourrez le traverser lors de la visite du palais des Doges (p. 29). La vue classique, depuis le Ponte della Paglia,

Pont des Soupirs

étant très fréquentée, essayez plutôt côté Ponte della Canonica, à l'angle nord-est du palais...

❷ MUSEO DIOCESANO*

Un musée diocésain ? Oui, dit comme ça, ça peut faire un peu peur mais, en fait, son cloître des XIIe-XIIIe s., peu connu des touristes, est charmant, et ses collections, au 1er étage, sont plutôt bien présentées. Vous y verrez des tableaux du Tintoret peints pour l'église Sant'Andrea della Zirada ainsi que deux hauts dossiers en bois marqueté provenant de la basilique Saint-Marc et des statues de Madone habillées de tenues traditionnelles vénitiennes des XVIIe et XVIIIe s.

Fondamenta Sant'Apollonia, 4312 • ☎ 041 724 11 24 • Mar.-dim. 10h-18h • Entrée du cloître : 2,50 €, cloître + musée : 5 €.

Museo Diocesano

❸ Pour une pause artistique : Antica Sacrestia

Vénitiens et connaisseurs se retrouvent dans cette adorable cour, bien cachée, pour de délicieux plats « du cru » (*la cucina dei Dogi*, promet-on à l'entrée) : friture de calamars (22 €), seiche à la vénitienne et polenta (22 €), saumon mariné au poivre rose, et *pizze*.

Calle de la Corona, 4463
• ☎ 041 523 07 49
• www.anticasacrestia.it
• Mar.-dim. 11h30-15h et 18h-23h
• Menus de 40 à 80 €, menu du jour à 24 €.

❹ SAN ZACCARIA**

Cette église de la Renaissance (1485) renferme une, sinon la plus belle, œuvre de Giovanni Bellini (*Vierge à l'Enfant*) dans la chapelle latérale, des polyptyques du XVe s. ruisselants d'or ainsi que des fresques du Florentin Castagno.

Campo San Zaccaria, 4693 • ☎ 041 522 12 57 • Lun.-sam. 10h-12h et 16h-18h, dim. 16h-18h • Entrée de la chapelle : 1,50 €.

❺ SAN GIORGIO DEI GRECI ET MUSEO DELLE ICONE**

Allez-y pour assister à une messe orthodoxe (dim. 9h30-11h30) et pour rêver au temps où la

San Giorgio dei Greci

Scuola di San Giorgio degli Schiavoni

Sérénissime entretenait des liens privilégiés avec Constantinople. Visitez aussi la *scuola* et sa riche collection d'icônes réalisées à Venise par les artistes byzantins ayant fui l'Empire ottoman. Un musée sans âge où le parquet ciré craque délicieusement sous les pas. Son campanile, remarquablement penché, est l'œuvre de Bernardo Ongarin.

• Église : **entrée depuis le Ponte dei Greci • ☎ 041 523 95 69 • Mar.-sam. 9h-13h et 14h30-17h, dim. 9h-13h**

• Musée : ☎ 041 522 65 81

• T.l.j. 9h-17h (dernière entrée à 16h30)

• Entrée : 4 €.

❻ SCUOLA DI SAN GIORGIO DEGLI SCHIAVONI★★★

La *scuola* était le siège de la Confraternità dei Dalmati, marchands des Balkans qui commerçaient avec Venise. À l'intérieur, ne manquez pas l'*Histoire de saint Georges* (ah, la beauté de saint Georges terrassant le dragon !) peinte par Carpaccio au début du XVIe s.

Fondamenta Furlani, 3259/A • ☎ 041 522 88 28 • Lun. 13h30-17h30, mar.-sam. 9h30-17h30 et dim. 9h30-13h30 • Entrée : 5 €.

12 De l'Arsenale AUX GIARDINI

Resto & bistrots p. 131

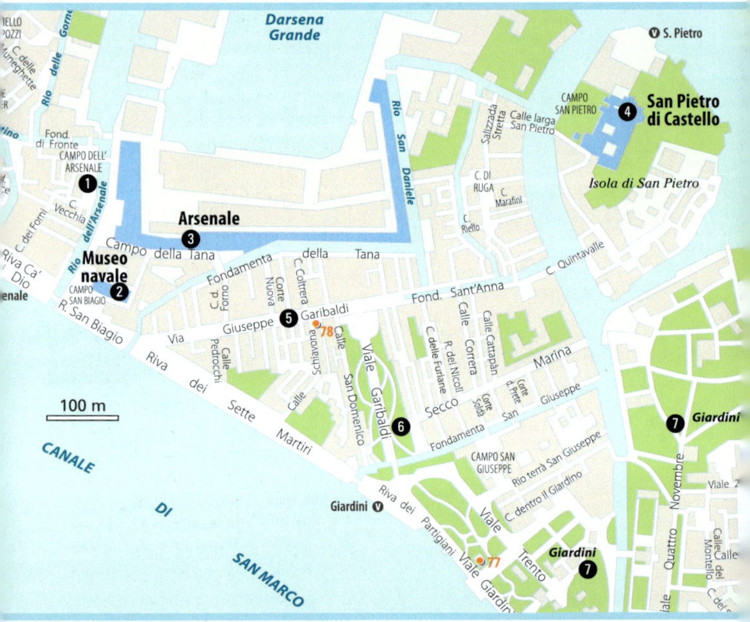

Vous aimez les contrastes ? Vous allez adorer la partie est de Castello ! Ce quartier populaire, autrefois habité par les ouvriers de l'Arsenale, vit désormais au rythme des Biennales. Vous y trouverez six mois durant toutes sortes d'expos stimulantes, ainsi que des ruelles photogéniques où la ménagère en pantoufles croise... le collectionneur en cravate, sur fond de cordes à linge, d'images pieuses et de bannières communistes ! En vous promenant dans les Giardini jusqu'à San Elena, vous profiterez du quartier qui se fait bucolique, et de la vue qui flirte avec le Campanile ou les îles de la lagune, c'est selon...

Arsenale

❶ CAMPO DELL'ARSENALE★★

Vous voyez les quatre gros lions en marbre ? Ils veillent sur la porte principale de l'Arsenale (1460). On ne peut pas y entrer – c'est toujours une zone militaire ! – mais du pont qui fait face à la « porte d'eau », vous apercevrez les hangars autrefois affectés à la construction des redoutables navires de la République. Les ouvriers qui servaient cette usine de guerre étaient logés (quasi) gratuitement dans les maisons à l'extérieur de l'enceinte.

❷ MUSEO NAVALE★★

Dédié à l'histoire maritime de Venise, ce musée a un charme désuet et attachant : cartes anciennes en bois, pièces d'artillerie, maquettes (ne manquez pas celle du *Bucentaure*, galère d'apparat des doges), costumes et gondoles. Le musée est toujours en travaux, mais le pavillon des Navires (Padiglione delle Navi) reste ouvert.

Riva San Biagio, 2148 • ☎ 041 24 24 • www.visitmuve.it/it/musei/museo-storico-navale-di-venezia/ • T.l.j. 8h45-17h • Entrée : 5 €.

❸ ARSENALE★★★

Profitez de la Biennale – d'art ou d'architecture – pour vous faire une petite idée de ce qui fut longtemps l'endroit le plus secret de Venise. Derrière ses murailles, l'Arsenale couvre à lui seul 40 ha, mais le parcours est imposé : après avoir arpenté l'enfilade de l'interminable bâtiment des Corderies (316 m), les salles d'armes et l'artillerie, vous découvrirez la grande grue et les bassins de radoub destinés à l'entretien des navires. Sortie par le Ponte dei Pensieri.

Accès par le campo della Tana, uniquement pendant les Biennales (architecture : 26 mai-25 nov.), mar.-dim. 10h-18h • www.labiennale.org • Entrée : 25 € (billet combiné avec les Giardini).

❹ SAN PIETRO DI CASTELLO★

Encore un petit pont et vous voici à San Pietro, un îlot très paisible et presque campagnard, avec un campanile qui penche et un vieux

San Pietro di Castello

cloître oublié (campo San Pietro, 70). On ne le dirait pas mais son église fut la cathédrale de Venise jusqu'en 1807 (la basilique Saint-Marc n'était « que » la chapelle privée des doges). Jetez un œil, à l'intérieur, sur le trône en marbre offert au doge Pietro Tradonico par l'empereur d'Orient Michel III, orné de versets du Coran, et flânez dans les ruelles alentour : elles ont du charme !

Campo San Pietro • Lun.-sam. 10h-17h • Entrée : 3 €.

5 VIA GIUSEPPE GARIBALDI*

De l'îlot de San Pietro, le pont de Quintavalle vous conduit tout droit à la via Garibaldi, qui était un canal avant que Napoléon ne donne l'ordre de le combler. Il rêvait d'en faire l'artère la plus moderne de Venise ! Bon, on est loin du compte, et c'est tant mieux : avec ses petits cafés et ses modestes commerces, la *via* offre encore une belle tranche de vie du Castello qu'on aime. Surtout le matin, autour du bateau du pêcheur amarré au quai de Sant'Anna qui vend sa prise du jour.

6 Pour une pause au vert : Caffè La Serra

La vieille serre en fer et verre de 1894, située à deux pas du quai San Giuseppe, a non seulement retrouvé sa vocation originelle - abriter des plantes exotiques -, mais elle s'est aussi dotée d'un café très paisible où l'on peut grignoter un sandwich et siroter toutes sortes de boissons, dont le tonique Lurisia à base de bigarade (*chinotto*, 3,50 €). La Serra accueille également soirées musicales et expos.

Viale Giuseppe Garibaldi, 1254 • ☎ 041 296 03 60 • www.serradeigiardini.org • T.l.j. 10h-20h.

Les Giardini

7 GIARDINI**

Lorsqu'en 1893 la Ville de Venise décida de créer la Biennale, elle ne s'attendait sans doute pas à un tel succès ! Rendez-vous incontournable pour les fans d'art contemporain et d'architecture, l'enclave des Giardini invite à une belle balade : certains pavillons (il y en a 29 au total) ont été conçus par des architectes de talent : Hoffmann pour l'Autriche, Rietveld pour les Pays-Bas... De décembre à avril, une partie des jardins est fermée pour préparer la Biennale suivante.

Sestiere Castello, 30122 • www.labiennale.org • Uniquement pendant les Biennales (architecure : 26 mai-25 nov.), mar.-dim. 10h-18h • Entrée : 25 € (billet combiné avec l'Arsenale) • En dehors des Biennales, l'accès aux Giardini est libre.

La lagune de Venise

Venise est au cœur d'une lagune de 50 km sur 15 km, séparée de la mer Adriatique par une bande de sable. Îles, marais salants, langues de terre : atout dans la création de la ville, cet environnement mouvant fut aussi lourd de contraintes. Il la met aujourd'hui dans une situation difficile, notamment en raison des marées répétées et de l'affaissement du sol. Le projet MOSE sera peut-être une arme salutaire...

COMMENT CONSTRUIRE DANS L'EAU ?

En pleine déroute de l'Empire romain, les Vénètes de la côte fuient les Goths en se réfugiant sur les îles de la lagune. Cet environnement lagunaire est une véritable protection, offrant autant de difficultés que d'atouts (voir p. 24). Il est en effet difficile de construire sans les matières premières indispensables que sont la pierre, l'argile, le bois. Le matériau de base sera donc la brique (90 % de la ville), et la cité s'appuie sur des millions de troncs d'arbres, relais de 3 à 5 m nécessaires pour atteindre la couche d'argile dure qui sert de base aux bâtiments. Malgré ces fondations solides, les campaniles penchent dangereusement ou finissent par s'effondrer. En revanche, la mer offrant de fait un rempart naturel contre les envahisseurs, il est possible de bâtir plus léger.

Puntomose

Le Consorzio Venezia Nuova a mis en place un point d'information destiné à sensibiliser le public aux dangers que font courir les inondations à Venise, autant qu'aux vertus du projet MOSE. Sur place, projection d'un documentaire de 20 min (en anglais ou en italien), brochures d'information sur l'écosystème vénitien et sur les activités de sauvegarde de la lagune, écrans interactifs détaillant par le menu l'environnement naturel de Venise, le phénomène d'*acqua alta* et MOSE.

Arsenale Nord (edificio 63), Giardino Thetis, Castello, 2737/F (plan E2) • Ⓥ Bacini • ☎ 041 529 36 00 • www.mosevenezia.eu • Lun.-ven. 10h-17h • Accès libre.

ACQUA ALTA : UNE VILLE SOUVENT SUBMERGÉE

Depuis le début du XXe s., la cité des Doges s'est enfoncée de près de 25 cm ! Les marées fréquentes, conjuguées à des vents violents, l'affaissement des sols et la montée du niveau de la mer entraînent l'inondation régulière de Venise. C'est l'*acqua alta*, un phénomène particulièrement fort de novembre à avril, et dont les habitants sont prévenus par un hurlement de sirène 6h avant l'événement lui-même. En temps normal, la marée présente des variations de 60 à 70 cm sur une période de 12h environ. Mais selon le Centre de prévision des marées de la ville, les marées supérieures à 110 cm, provoquant des inondations dans la majeure partie de la ville, surviennent aujourd'hui 20 fois plus souvent qu'il y a 10 ans. La plus violente du XXe s. a atteint 194 cm, le 4 novembre 1966. La place Saint-Marc a été noyée sous 120 cm d'eau, et plus de 80 % de la ville a été submergée. Une catastrophe historique qui a poussé les autorités à étudier sérieusement le problème.

Venise bâtie sur la lagune

COMMENT SAUVER VENISE DES EAUX ?

La sauvegarde de Venise est devenue une priorité d'intérêt national. C'est ainsi que naît **MOSE** (Modulo sperimentale elettromeccanico), mené de front par la Ville, la Région et l'État. Objectif affiché : fermer, en cas de marées supérieures à 110 cm, les trois passes reliant la lagune et l'Adriatique (Lido, Malamocco et Chioggia). Et ce au moyen d'importantes portes anti-inondations. Le projet, dont le coût a triplé depuis le lancement des travaux en 2003 pour atteindre 5 à 6 milliards d'euros, a de nombreux détracteurs. Ils pointent du doigt les dangers qu'une interruption de la circulation de l'eau entre la mer et la lagune fait courir à l'écosystème, ainsi que le coût colossal du projet. En juillet 2013, une vague d'arrestations d'entrepreneurs travaillant sur le projet, soupçonnés d'avoir surfacturé les matériaux pour gonfler la note, a conforté les craintes des opposants. Le projet, prévu pour s'achever en 2018, date régulièrement repoussée, est toutefois bien avancé.

L'*acqua alta* place Saint-Marc

13 Santa Maria Formosa ET LA BASILICA SANTI GIOVANNI E PAOLO

Restos & bistrots p. 132 | Bar &, clubs p. 162 | Boutiques p. 193

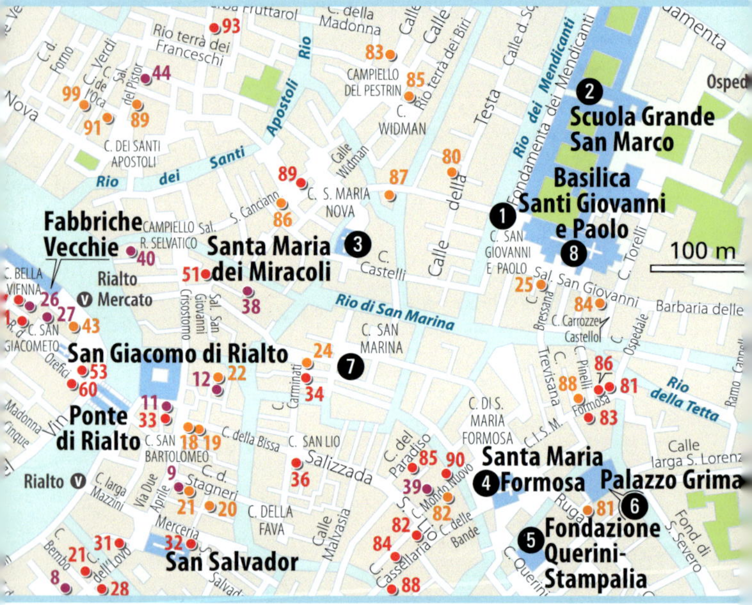

Le *sestiere* de Castello est un étonnant labyrinthe où vous trouverez de petits autels votifs et croiserez des chats… Le jour, ses *campi* accueillent des étals de fleurs et de fruits. La nuit, vous arpenterez ce quartier mystérieux où se révèle l'atmosphère magique d'une Venise sombre, particulièrement majestueuse sur sa place principale, le Campo Santa Maria Formosa, et son église aux formes voluptueuses.

❶ LA STATUE DU CONDOTTIERE BARTOLOMEO COLLEONI**

Après 1475, le chef de guerre Colleoni légua son immense fortune à la Ville à la condition que sa statue équestre s'élève devant San Marco. Un règlement interdisant de construire devant la basilique, les autorités, dressèrent l'œuvre magistrale et fière de Verrocchio devant la Scuola San Marco... et empochèrent le magot !

Campo Santi Giovanni e Paolo.

❷ SCUOLA GRANDE SAN MARCO**

Devenue l'hôpital de Venise, la *scuola* se découvre par une magnifique façade de Pietro Lombardo, décorée de trompe-l'œil et de panneaux en marbre.

Campo Santi Giovanni e Paolo • ☎ 041 529 43 23 • www.scuolagrandesanmarco.it • Mar.-sam. 9h30-17h30 (18h30 l'été).

❸ SANTA MARIA DEI MIRACOLI**

Un autre joyau de Pietro Lombardo. La façade de cette église Renaissance ressemble d'ailleurs à une boîte à bijoux, avec ses panneaux en marbre polychrome et ses incrustations colorées. Elle a été construite à la fin du XVe s. pour accueillir la miraculeuse *Madone à l'Enfant* du peintre Nicolò di Pietro.

Santa Maria dei Miracoli

Campo Santa Maria Nova • ☎ 041 275 04 62 • Lun.-sam. 10h30-16h30 • Entrée : 3 €.

❹ SANTA MARIA FORMOSA ET SON *CAMPO***

Elle est étonnante, cette jolie église (1492), avec sa double entrée sur un vaste *campo* bordé de terrasses de café. L'intérieur, très clair, abrite une *Vierge de la Miséricorde* (bas-côté droit) de Vivarini, qu'on ne se lasse pas d'admirer. Toutes proches, la calle lunga S. M. Formosa et la calle delle Bande fourmillent de belles boutiques, notamment de fabricants de masques (voir p. 193 et 194).

Campo Santa Maria Formosa • ☎ 041 275 04 62 ou ☎ 041 523 46 45 • www.santamariaformosa.it • Lun.-sam. 10h30-16h30 • Entrée : 3 €.

❺ FONDAZIONE QUERINI-STAMPALIA**

La *fondazione* du XVIe s. s'élève sur un *campiello* tarabiscoté où s'emmêlent ponts et canaux. Sa belle collection permettra d'approfondir votre connaissance de Bellini, Tiepolo et Longhi. Restaurée par de grands architectes, elle laisse admirer le travail élégant du Vénitien Carlo Scarpa, au rez-de-chaussée.

Campo Santa Maria Formosa, 5252 • ☎ 041 520 34 33 • www.querinistampalia.org • Mar.-dim. 10h-18h • Entrée : 10 €.

❻ PALAZZO GRIMANI**

Avec son style romain, ce palais datant de 1569 détone à Venise. Peu d'œuvres dans cet étrange musée, ancienne demeure de la famille Grimani (ses sculptures romaines ont été transférées au Museo Correr), mais de belles émotions. Chaque pièce réserve une petite surprise d'agencement, de décoration ou une œuvre spéciale. Levez le nez vers les fresques du plafond de la salle des Feuillages, réalisé par Camillo Mantovano : c'est une débauche de plantes où les animaux se cachent au milieu d'une flore exotique : maïs, tabac... Depuis les fenêtres ou la cour du palais, on s'amuse à contempler le trafic des gondoles, en rêvant à une Venise d'un autre temps.

Ramo Grimani, 4858 • ☎ 041 520 03 45 • www.palazzogrimani.org • Mar.-sam. 8h15-19h15 • Entrée : 5 € + 1,50 € de frais de réservation (prix variable en cas d'expo temporaire).

❼ Pour une pause prolongée : Osteria di Santa Marina

Sur une place peu fréquentée et calme, c'est le lieu idéal pour prendre le temps de goûter à la cuisine locale. Les plats, d'une élégance rare, conjuguent à merveille les saveurs : pâtes à l'encre de seiche et aux agrumes, filet de turbot à la sauce aux pistaches et aux tomates... Accompagné de vin blanc, c'est un délice.

Campo Santa Marina, 5911 • ☎ 041 528 52 39 • www.osteriadisantamarina.com • Lun. 19h30-22h30, mar.-sam. 12h30-14h30 et 19h30-22h30 • Plat de pâtes 20 €, *secondi* de poisson 30 €.

❽ BASILICA SANTI GIOVANNI E PAOLO***

La Sérénissime n'a pas lésiné sur les moyens pour édifier et embellir cette église gothique (XIIIe-XIVe s.), panthéon de ses doges. C'est le souffle coupé que l'on pénètre dans San Zanipolo (son nom vénitien), où reposent pas moins de vingt-cinq de ces puissants parmi les puissants qui ont fait Venise. Dans ce véritable musée de sculptures, ne ratez pas les tombeaux des doges Mocenigo (bas-côté droit), Vendramin (chœur) et Marcello (bas-côté gauche), remarquablement sculptés par Pietro Lombardo. L'intérieur abrite aussi des œuvres de Bellini, Véronèse ou Piazzetta.

L'église

On s'arrête d'abord devant la façade inachevée, où le portail en marbre de Bartolomeo Bon, ajouté en 1462, s'ouvre sur une salle gigantesque. À l'intérieur, il y en a pour tous les goûts : tombeaux, peintures de Bellini, retable de Lorenzo Lotto, les trois chapelles, la sacristie dédiée aux dominicains ou le grand vitrail des verreries de Murano !

La nef

Elle est surprenante par sa taille : 100 m de long et 30 m de large ! Elle est si grande qu'elle est soutenue par des poutres voûtées en bois sculpté. Les dimensions de la nef font de cette église l'un des plus grands édifices chrétiens du monde.

La chapelle du Rosaire

De toutes les chapelles de la basilique, c'est incontestablement la plus pimpante ! Au XIXe s.,

Basilica Santi Giovanni e Paolo

on a inséré dans son plafond trois toiles que Véronèse avait peintes (1560) pour qu'on les regarde... d'en bas. Un exercice difficile qui exige un sens aigu de la perspective et du raccourci (accès par le bas-côté gauche).

Campo Santi Giovanni e Paolo
• ☎ 041 523 59 13
• www.basilicasantigiovanniepaolo.it
• Lun.-sam. 9h-18h, dim. et fêtes 12h-18h ; f. 25 déc. • Entrée : 3,50 €.

14 Le Cannaregio, LE GHETTO ET LA CA' D'ORO

Restos & bistrots p. 135 | Bars & clubs p. 163 | Boutiques p. 196

Traversé par l'artère centrale de la Strada Nova, le quartier de Cannaregio est le plus vaste et le plus habité des *sestiere* de Venise. C'est aussi l'un des plus apaisés, avec ses longues *fondamente* tranquilles où les Vénitiens viennent se promener, à pied ou en barque, le soir venu. À voir, la Ca' d'Oro, vaste palais gothique affaissé, dont l'entrée marine est constamment baignée par les eaux du Grand Canal.

Ghetto Nuovo

❶ GHETTO VECCHIO★★

Malgré leur hauteur, les maisons du Ghetto Vecchio ne suffirent plus, dès 1540, à loger la communauté juive. Celle-ci s'étendit alors dans le quartier de l'ancienne fonderie *(geto)*, autour de la synagogue espagnole (Scuola Spagnola).

❷ GHETTO NUOVO ET MUSEO EBRAICO★★

Entièrement ceinturé de canaux, le Ghetto Nuovo est une vaste esplanade entourée de « gratte-ciel » : des maisons hautes de plus de cinq étages ! Subsistent ici encore quelques commerces juifs (des restaurants casher et des boutiques d'artisanat), des synagogues de rite ashkénaze et un musée d'Art juif (orfèvrerie et superbes tissus des XVIIe-XVIIIe s.), ainsi que la plus vieille banque de Venise, **Banco Rosso**, où des visites guidées sont organisées (☎ 041 740 317 ; www.bancorosso.org ; dim.-jeu. 10h-18h ; 2 €/pers.).

Campo del Ghetto Nuovo, 2902/B • ☎ 041 71 53 59 (musée) • www.museoebraico.it • Dim.-ven. : mai-sept. 10h-18h30 ; oct.-avr. 10h-17h ; f. de la billeterie 30 min. avant • Entrée musée : 8 € ; musée + synagogue : 12 €.

❸ CAMPO DEI MORI★

Ce *campo* poétique en dit long sur le Cannaregio. Sur la *fondamenta,* vous découvrirez la maison du Tintoret (n° 3398), né dans ce quartier. Le *campo* lui-même doit son nom aux statues de « Maures » encastrées dans les maisons. Elles représenteraient les frères Mastelli, des marchands de soie originaires du Levant mais établis en Morée (l'actuel Péloponnèse) puis réfugiés à Venise au début du XIIe s. Le chameau en bas-relief que vous voyez sur leur palais, en face de la maison du Tintoret, rappelle leur origine orientale.

❹ MADONNA DELL'ORTO★★

Les amateurs du Tintoret ne rateront pour rien au monde cette église (XVe s.) qui abrite la tombe du peintre et un grand nombre de ses œuvres.

Campo Madonna dell'Orto • ☎ 719 933 • Lun.-sam. 10h-17h, dim. 12h-17h • Entrée : 3 €.

❺ FONDACO DEGLI ANGELI★

Installée dans un vieux magasin qui a aussi accueilli une école d'artisans durant des décennies, la fondation Wilmotte n'a pas touché à la structure du bâtiment, restée telle qu'à sa construction en 1600. La Fondaco degli Angeli, galerie de la fondation, accueille des expositions sur le thème de l'urbanisme et de l'architecture.

Fondation Wilmotte, Fondamenta dell'Abbazia, 3560 • ☎ 041 476 11 60 • www.fondationwilmotte.fr • Mar.-dim. 10h-13h30 et 14h-18h • Accès libre.

❻ CHIESA DEI GESUITI ET SON *CAMPO*★★

Avec sa forme allongée qui donne sur la lagune, c'est l'un des *campi* les plus agréables de Venise. Les enfants aiment y jouer pendant que

Campo dei Gesuiti

7 Pour une pause originale : We Crociferi

Attention, le bar de cette auberge de jeunesse est une petite perle ! Avec ses deux terrasses, l'une au-dessus du rio dei Gesuiti et l'autre dans l'ancien cloître des Crociferi, c'est l'endroit parfait pour une pause café ou un verre en soirée. Des concerts y sont organisés régulièrement tout au long de l'année, généralement le mercredi ou le jeudi soir.

Campo dei Gesuiti • www.facebook.com/wecrociferi • T.l.j. 7h30-23h30 • Spritz 3 €, sandwichs à partir de 1,50 €.

les adultes profitent de l'ombre ou admirent la façade baroque de la Chiesa dei Gesuiti. À l'intérieur, on note une surprenante décoration de marbres verts et blancs ainsi qu'une *Assomption* du Tintoret et un *Martyr de saint Laurent* par Titien. Son beau cloître de brique et de marbre blanc se visite ; un bar y est installé (voir Pause).

Campo dei Gesuiti • T.l.j. 10h-12h et 16h-18h (avr.-oct.) ou 15h-17h (nov.-fév.) Entrée : 1 €.

8 CA' D'ORO★★★

S'il ne fallait garder qu'un seul palais du Grand Canal, ce serait celui-là. Bâti au XVe s., il tient son nom de sa façade, jadis couverte de feuilles d'or et d'ultramarin. De ses loggias, la vue sur le Rialto et son marché est éblouissante. Il abrite la collection Franchetti, riche de peintures, de tableaux et de bronzes religieux des XVe et XVIe s., ce qui en fait l'un des musées les plus intéressants de Venise.

Entrée par la calle Ca' d'Oro • ☎ 041 522 23 49 et 041 520 03 45 pour les résa) • www.cadoro.org • Lun. 8h15-14h, mar.-dim. 8h15-19h15 ; f. 1er janv., 1er mai et 25 déc. • Entrée : 13 € ; gratuit le 1er dim. de chaque mois.

Des palais les pieds dans l'eau

À partir de contraintes incontournables comme l'absence de voirie sèche, l'omniprésence de l'eau ou la vocation à la fois commerciale et résidentielle des palais, les architectes de la Sérénissime élevèrent des monuments qui s'adaptèrent aussi bien aux modes qu'à l'héritage du passé. C'est cet effort commun, poursuivi des siècles durant, qui fait du Grand Canal la plus belle « rue » du monde.

UNE INFLUENCE BYZANTINE

Les plus anciens palais de Venise datent du XIIIe s. et sont marqués par l'influence byzantine. Leurs façades se reconnaissent aux portiques à arcatures qui couvrent pratiquement l'ensemble du rez-de-chaussée (on y déchargeait tout le nécessaire, les marchandises, etc.), comme au **Fondaco dei Turchi,** au bord du Grand Canal. La décoration reste discrète, et les ouvertures peu nombreuses pour des raisons défensives.

UN GOÛT POUR LE SOMPTUEUX GOTHIQUE

Au XIVe s., les temps ont changé : Venise est devenue une ville opulente. Les bourgeois enrichis par le commerce ou les grandes familles patriciennes souhaitent des demeures plus confortables et mieux éclairées.

L'intérieur des palais et des maisons

Si les façades, objets de tous les soins, ont évolué et suivi les modes, la structure interne des *palazzi* (les Ca', diminutif de *casa*, « la maison » en vénitien) n'a guère varié au cours des siècles. **La règle des trois niveaux**, notamment, fut peu ou prou respectée jusqu'au XVIIIe s. Au rez-de-chaussée, accessible par bateau, se trouvaient les magasins et un grand espace central (le *portego*). Le 1er étage *(piano nobile)* était réservé aux bureaux et, dans le cas des grands palais, aux pièces de réception somptueusement décorées. Les familles patriciennes vivaient au 2e étage, le mieux aéré, et les domestiques logeaient dans les combles. Les résidences vénitiennes se regroupaient autour d'une cour qui assurait l'indispensable ventilation. Carrée au Moyen Âge, celle-ci prit une forme rectangulaire à partir de la Renaissance et s'étendit au bord d'un *rio* ou d'une *calle*.

La plus somptueuse de toutes, la **Ca' d'Oro,** présente l'ensemble des caractéristiques qui font alors fureur. Sa façade (recouverte d'or à l'origine) s'ouvre largement sur le Grand Canal par des arcs gothiques entrelacés aux allures de ruban de dentelle et par des fenêtres ouvragées qui « accrochent » la lumière. Partout, une fine décoration accentue la forme élancée du palais et rehausse son élégance.

Ca' d'Oro

LA BELLE HARMONIE RENAISSANCE

Monumentalité, symétrie et harmonie sont les maîtres mots de l'architecture à la Renaissance. Les palais du XVIe s., comme le **Palazzo Vendramin-Calergi** (siège du casino d'hiver) ou le **Palazzo Corner,** tous deux bâtis sur le Grand Canal, abandonnent la brique pour le grès. Ils présentent désormais une façade imposante que soulignent des horizontales et des verticales nettement affirmées par un jeu de corniches, de pilastres ou de colonnes à l'antique. Les fenêtres s'ouvrent sur des balcons. Elles ont troqué leurs arcatures brisées au profit de l'arc en plein cintre.

Ca' Pesaro

LES FOLIES DU BAROQUE !

Le goût théâtral baroque triomphe sur le Grand Canal avec la **Ca' Pesaro,** palais édifié par Baldassare Longhena au milieu du XVIIe s (p. 69). À la différence de ses homologues de la Renaissance, l'architecte n'y laisse plus aucune surface dépourvue de décoration. Des guirlandes, des trophées, des figures de monstres ou des bossages en pointes de diamant animent la façade, qui atteint un degré d'opulence inégalé.

15 Les îles de la Giudecca ET S. GIORGIO MAGGIORE

Restos & bistrots p. 139 | Bars & clubs p. 165 | Boutiques p. 197

Autrefois appelée *spina longa* – « arête de poisson » – à cause de sa forme, l'île de la Giudecca fut tour à tour terre d'« exil » des familles vénitiennes condamnées au IXᵉ s., lieu de résidence de patriciens en mal de verdure au XVIᵉ s., avant d'être, aujourd'hui, un quartier populaire et résidentiel. Les quais offrent une belle promenade au calme. Depuis le campanile de San Giorgio Maggiore, la vue sur la lagune est délicieuse...

La Giudecca

❶ MOLINO STUCKY★

Cet ancien moulin à blé de style néogothique, reconverti en palace, donne une curieuse note moderne et industrielle à la Giudecca. Il porte le nom de son ancien patron, le Suisse Stucky, assassiné par un de ses employés en 1910.

Giudecca, 810 (accès par le quai San Biagio) • www.molinostuckyhilton.it

❷ LEGATORIA BARBIERI DI BARBIERI ADRIANO★★

Derrière une vitrine encombrée de cadres se cache un petit atelier de reliure où, dans un bric-à-brac savamment désorganisé, le propriétaire fabrique albums,

Legatoria Barbieri

carnets (à partir de 15 €) et cadres (à partir de 200 €) recouverts de tissus Fortuny. Au-dessus des têtes, les rouleaux de tissus attendent de passer sous la presse installée près de la porte. Il n'est pas rare de tomber sur l'artisan en plein travail et de pouvoir admirer son savoir-faire.
Fondamenta al Ponte Piccolo, 283 • ☎ 041 528 84 93 • Lun.-ven. 9h-13h et 15h-18h.

Comment y aller ?

La ligne de *vaporetto* n° 2 dessert les îles de la Giudecca et de San Giorgio Maggiore. Embarquez à la station S. Zaccaria et arrêtez-vous aux différentes stations qui se trouvent le long des deux îles. Le trajet dure 15-20 min et le *vaporetto* est assez régulier... de jour comme de nuit (voir p. 206) !

❹ CHANTIER NAVAL DE LA GIUDECCA**

Une fois passé le porche, vous pénétrez dans la clinique vénitienne des bateaux ! Les ateliers se succèdent et l'on peut observer les mécaniciens œuvrer sur les embarcations. Au fond, au bord de l'eau, un immense hangar dévoile l'alignement de centaines de petits bateaux à moteur de toutes les couleurs, du sol jusqu'au plafond. L'activité ayant quelque peu ralenti au

❸ Pour une pause sucrée : Panificio Crosara

Cette petite boulangerie-pâtisserie étale dans sa vitrine les pâtisseries typiques de Venise : *conchiglia, zaetti, mandorli, sfoghatine, strudel alle mele* (de 1 à 1,50 €)... Jetez votre dévolu sur l'une de ces petites merveilles et dégustez-la sur le quai, face au canal, en regardant les embarcations défiler. Et ne vous fiez pas aux apparences : les pâtisseries sont petites, mais une seule devrait suffire à vous caler !

Fondamenta Santa Eufemia, 655 • ☎ 041 520 67 37 • Lun.-sam. 7h30-13h30 et 16h30-20h.

fil des années, certains ateliers ou logements d'ouvriers hébergent désormais des artistes.
Fondamenta San Giacomo, 211/212.

5 CHIESA DEL REDENTORE**

Ce pur agencement de formes géométriques a été construit par Palladio au lendemain de la peste de 1576, qui décima le tiers de la population vénitienne. Chaque année, lors de la *festa del Redentore* (voir p. 18), un pont de bateaux est lancé sur le canal de la Giudecca depuis les Zattere en face.
Campo del Redentore • ☎ 041 275 04 62 • Lun.-sam. 10h30-16h30 • Entrée : 3 €.

6 CHIESA DELLE ZITELLE*

Conçue par Palladio et coiffée comme il se doit d'une coupole, l'église doit son nom aux jeunes filles *sans dot (zitelle)* du couvent attenant qui passaient pour des dentellières émérites. Derrière l'église, sur la rive sud de l'île, se trouve l'un des deux ou trois hôtels qui comptent à Venise, le Cipriani et sa terrasse ouverte sur la lagune.
Fondamenta delle Zitelle, 32 • ☎ 041 309 66 05 • Visite sur r.-v.

7 CASA DEI TRE OCI**

Cet étrange palais néogothique, élevé par le peintre Marius Pictor

San Giorgio Maggiore

Fondazione Giorgio Cini

au début du XXe s., doit son nom à ses trois curieuses fenêtres qui scrutent le canal de la Giudecca de leurs grands yeux étonnés. Il accueille des expos photo.
Fondamenta delle Zitelle, 43 • www.treoci.org • Mer.-lun. 10h-19h • Entrée : 12 €.

San Giorgio Maggiore

8 SAN GIORGIO MAGGIORE★★★

Palladio vous fera ici aussi partager toute son admiration pour les formes de la Rome antique. Difficile de résister devant tant de conviction, même si l'intérieur, qui abrite des œuvres importantes du Tintoret (chœur et sacristie), semble un peu froid et écrasant. Vous jouirez en haut du campanile d'une vue fabuleuse sur la lagune, encore plus belle que celle offerte par le campanile de la place Saint-Marc.
☎ 041 241 47 17 • T.l.j. 9h-18h45 (16h45 en hiver) • Entrée du campanile (ascenseur) : 6 €.

9 FONDAZIONE GIORGIO CINI★★

Cette fondation, qui a pour vocation de restaurer et d'animer l'île, occupe l'ancien couvent de l'église et ses cloîtres (cloître des Lauriers et cloître des Cyprès). De temps en temps, il s'y déroule une exposition, une pièce de théâtre ou un concert.
☎ 041 271 02 11 • www.cini.it • Visite guidée sam.-dim. 10h-16h (17h en été) : en français à 11h, 13h et 15h (et 17h en été) • Entrée : 10 €.

16 L'île DE MURANO

Restos & bistrots p. 140 | Boutiques p. 198

Avec un canal qui n'a de grand que le nom, des palais presque modestes et seulement quelques églises, Murano ressemble à une sorte de Venise en miniature. La majeure partie de son activité se concentre sur la fabrication du verre.

❶ SAN PIETRO MARTIRE*

Certes, on ne va pas exagérer, l'extérieur n'est pas franchement ce que l'on pourrait qualifier d'inoubliable, mais cette église gothique vaut une visite pour ses nombreuses œuvres d'art qu'éclairent parfois des lustres en verre... de Murano, bien sûr ! *Madone* de Bellini, toiles de Véronèse et du Tintoret.

Fondamenta dei Vetrai • ☎ 041 73 97 04 • Lun., mar., jeu. et ven. 9h-18h, mer. 9h-16h, sam. 11h-18h, dim. 12h-18h.

❷ LE TOUR DES GALERIES*

Outre la verrerie, l'activité de Murano se concentre sur le

Mazzega

tourisme et l'export. Autant dire qu'ici les galeries en mettent plein les mirettes ! Des tapis entièrement constitués de mosaïques en verre, des gobelets signés, des vases alambiqués, des lustres hauts en couleur, des bijoux anciens... vous n'aurez aucune excuse pour ne pas craquer. Allez notamment chez **Mazzega** (fondamenta da Mula, 147 ; ☎ 041 73 68 88 ; www.mazzega.it), en face du pont Vivarini. Ce showroom présente le nec plus ultra des créations actuelles. C'est cher, mais vous devez raisonner en terme d'investissement, car vous ne le regretterez pas (voir aussi p. 102).

❸ Pour une pause en terrasse : Ai Frati

Un restaurant accueillant tant les touristes que les Vénitiens, qui propose une bonne cuisine locale traditionnelle. Installez-vous en terrasse et commandez un risotto de poisson, des seiches et de la polenta (20 €) : c'est divin !

Fondamenta San Venier, 4
• ☎ 041 73 66 94
• www.aifrati.com
• Ven.-mer. 12h-15h.

❹ MUSEO DEL VETRO*

Le musée du Verre, installé dans un palais du XVIIe s., offre un éclairage sur l'évolution et les techniques de fabrication du verre de Murano. Vous y verrez les créations des grands maîtres du genre, en premier lieu celles d'Angelo Barovier (XVe s.). Laissez votre regard errer d'une vitrine à l'autre, les trésors sont nombreux. Vous regarderez ensuite les boutiques de l'île d'un œil plus expert.

Fondamenta Giustinian, 8
• ☎ 041 73 95 86 • www.visitmuve.it
• T.l.j. : avr.-oct. 10h-18h, nov.-mars 10h-17h ; f. de la billetterie 1h avant ; f. 1er janv. et 25 déc.
• Entrée : 10 €.

Santi Maria e Donato

5 SANTI MARIA E DONATO***

Rien que pour elle, la visite de Murano s'impose. Cette église, reconstruite au XIIe s. dans un style byzantin, possède une remarquable abside – exquise quand elle se reflète dans les eaux du *rio*.
À l'intérieur, ne manquez pas la mosaïque sur fond d'or, où figure la Vierge, et le pavement de marbres polychromes, décorés d'aigles, de paons et d'animaux fantastiques...

Campo San Donato, 11 • Lun.-sam. 9h-12h et 15h30-19h, dim. 15h30-19h • Accès libre.

6 SCUOLA DEL VETRO ABATE ZANETTI**

Dans cette école du verre, des démonstrations sont organisées avec un maître verrier, qui explique chaque étape de la fabrication en mettant l'accent sur les caractéristiques physiques et chimiques du verre. En ressortant, vous saurez tout de la manière dont le matériau réagit aux différentes

Santi Maria e Donato

Scuola del Vetro Abate Zanetti

températures et au soufflage ! Les démonstrations durent environ 30 min (1h avec la vidéo).
Calle Briati, 8/B • ☎ 041 273 77 11
• www.abatezanetti.it
• Démonstrations : mar. et jeu. à 16h
• Entrée : 20 € (résa pour les groupes).

San Michele

❼ CIMITERO SAN MICHELE★★

Le *vaporetto* pour Murano y fait un arrêt. Cette île carrée, plantée de cyprès et cernée d'un mur, est le cimetière de Venise depuis 1807. Igor Stravinsky, Serge de Diaghilev, Ezra Pound sont inhumés ici. L'île abrita aussi des prisonniers politiques, dont Silvio Pellico, écrivain patriote. Parmi les figures du monastère de San Michele (fondé en 1212), on trouve le frère Cappellari, qui deviendra le pape Grégoire XVI en 1831.
☎ 041 729 28 11
• T.l.j. : avr.-sept. 7h30-18h, oct.-mars 7h30-16h30 • Accès libre.

Le verre de Murano

De la Renaissance aux grandes figures du XXe siècle comme Archimede Seguso, Ermanno Toso, Ercole Barovier ou Paolo Venini, les maîtres verriers de Murano ont toujours développé et amélioré cet art qui reste à jamais associé au nom de Venise. Voici une petite initiation pour en savoir plus sur le célèbre verre de Murano.

DES SECRETS JALOUSEMENT GARDÉS !

La fabrication du verre à Venise débute dès le Xe s., mais elle ne prend son essor qu'avec l'arrivée dans la lagune **d'artisans byzantins,** au lendemain du sac de Constantinople de 1204. Très vite, les doges transfèrent les fours de la confrérie sur l'île de Murano. Officiellement, il s'agit de protéger la ville des incendies. Plus sûrement, la Sérénissime cherche à se préserver de la concurrence. Elle interdit à ses maîtres verriers de communiquer leurs secrets et de favoriser en quoi que ce soit des initiatives étrangères. Les contrevenants se voient immédiatement confisquer leurs biens. Ils sont même passibles de la peine de mort ! Aux XVe et XVIe s., les maîtres verriers inventent des verres colorés et affinent leurs techniques. Ils créent de nouvelles formes de vases, dessinent des lustres et des miroirs. La production vénitienne commencera à montrer des signes de déclin au XVIIe s. seulement, devant la concurrence du verre de Bohême, puis devant le succès du cristal au XIXe s.

Murano, mode d'emploi

Pour un achat important, le mieux est de ne jamais acheter dans la première boutique venue, sauf coup de cœur ! Une autre précaution : examinez bien le verre, car certains se révèlent parfois de pâles copies venant du Sud-Est asiatique. Redoublez de méfiance si le prix est bas, et soupesez : **un bon verre de Murano doit être lourd et sonner un peu comme le cristal** quand on lui donne une pichenette. Attention enfin, les horaires des boutiques de verrerie sont très variables, surtout à Murano. En été et pendant le Carnaval, la plupart ouvrent le dimanche et jusque tard en soirée.

QU'Y A-T-IL DANS LE VERRE DE MURANO ?

Différents ingrédients sont utilisés pour obtenir la matière première vitrifiable à base de sable siliceux ou **silice** (70 % du poids). Le mélange obtenu est porté à 1 400 °C, puis la température est abaissée à 1 000 °C pour permettre le travail du souffleur. À l'aide d'une canne creuse, le verrier cueille du verre en fusion, puis le place dans un moule afin d'obtenir une boule. Il souffle un bref instant et tourne rapidement la canne de manière à éviter que la boule ne s'étire. Après avoir pincé la base, le verrier souffle une nouvelle fois puis perce la boule à l'aide d'une pointe. Suit alors le modelage de la forme du verre qui va lui donner son aspect évasé. Ce travail achevé, le verre est de nouveau chauffé puis placé dans un four maintenu à plus faible température.

UN ARTISANAT HAUT DE GAMME

Les artistes de Murano utilisent plusieurs techniques, d'où les multiples formes et styles que vous verrez et apprécierez à Murano...

Aventurine : verre translucide de couleur brune avec inclusion de cristaux de cuivre très brillants.

Cristallino : verre fabriqué à l'aide de silice et de manganèse qui ressemble à du cristal de roche ; la technique, inventée par le maître verrier Angelo Barovier (1405-1460), fit la gloire du verre de Murano.

Lattimo : verre qui imite la porcelaine *(porcellana contraffatta)* et dont l'opacité est due à l'adjonction d'oxyde d'étain ; la dénomination *lattimo* englobe aussi les verres incolores avec inclusions blanches.

Millefiori : assemblage à froid de différentes pièces de verres colorés afin de créer un dessin ; le tout est fondu pour que les pièces adhèrent entre elles.

Verre a ghiaccio : technique inventée vers 1570 qui consiste à ajouter de l'eau gelée dans la pâte vitrifiée ; la différence thermique crée un motif ondulant qui donne au verre l'apparence d'une glace *(ghiaccio)* fondue.

Verre au plomb : verre peu onéreux, bien plus tendre que le type *cristallino* ; il est utilisé pour faire des émaux et les baguettes avec lesquelles sont réalisées les perles de Murano.

Verre filigrané : technique née en 1527 ; des pailles colorées ou émaillées sont incluses dans la pâte de verre incolore.

Verre incisé : verre présentant des motifs (souvent floraux) dessinés à la pointe de diamant.

17 Les îles de Burano, MAZZORBO ET TORCELLO

Restos & bistrots p. 141 | Boutiques p. 199

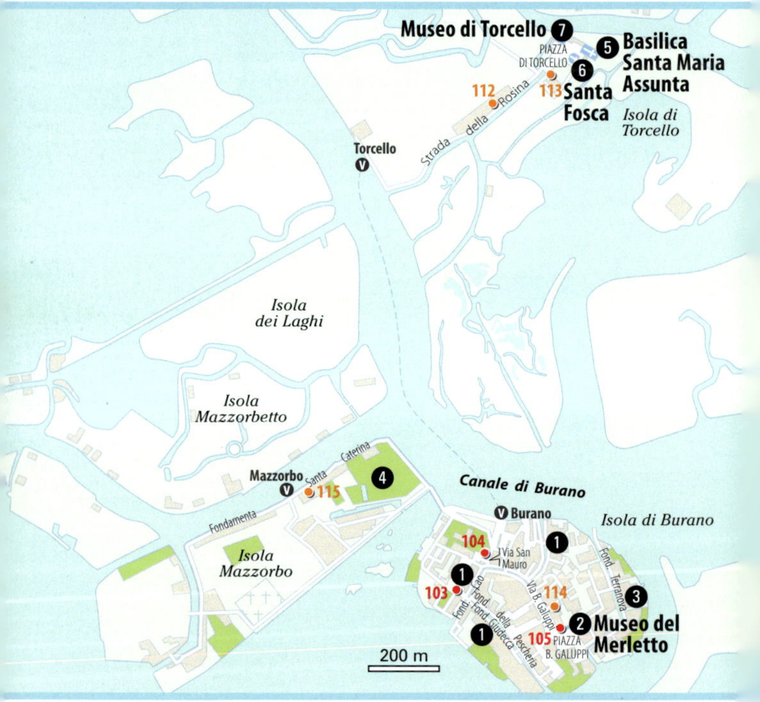

D'un côté, Burano, ses façades colorées et ses petits canaux qui donnent envie de se perdre. De l'autre, reliée à elle par un pont, la belle et paisible Mazzorbo offre son paysage de vignes. En face, Torcello, capitale de la lagune jusqu'au Xe siècle, dévoile ses somptueux vestiges après une petite marche bucolique.

Comment y aller ?

La ligne 12, depuis la Fondamenta Nuova (Cannaregio, plan C2), rejoint Burano en 40 min. Vous pouvez aussi descendre à Mazzorbo, pour profiter de la tranquillité de l'île avant de rejoindre, via un pont, sa voisine Burano. De là, vous pourrez reprendre la ligne 12 pour Torcello (à 5 min.). Conseils : optez pour un billet journée (20 €), et couplez votre visite à celle de Murano. De Burano, une autre ligne part au Lido.

Burano

Burano

❶ LES *FONDAMENTE* ET LES MAISONS★★★

Les pêcheurs peignaient leurs maisons de couleurs vives pour les repérer de loin... Les plus jolis ensembles de

La dentelle de Burano

La dentelle de Venise est un tissu de lin à points clairs réalisé à l'aide d'une aiguille *(ad ago)* et non d'un fuseau *(a fuseli)*. Le fond et les fleurs, ou ornements, sont formés par la dentellière sur un patron de papier fixé sur un coussin. La dentelle vénitienne adopte tantôt le point de Burano, tantôt le point de Venise. Le premier se reconnaît à son fond en mailles carrées et à sa transparence de gaze. Le second présente un fond constitué de brides et de barrettes. Il joue sur les reliefs et permet aux dentellières de réaliser des dessins d'une grande complexité.

ces demeures simples et gaies ne se trouvent pas là où tout le monde se presse - le long de la rue dédiée à la gloire locale, le compositeur Baldassare Galuppi (1706-1785), dit « Le Buranello » -, mais plutôt au bord des simples *fondamente* (quais) ou des petites *calle*.

❷ MUSEO DEL MERLETTO**

Une visite du Museo del Merletto s'impose avant de se jeter dans des achats de dentelle à l'aveuglette. Regardez les pièces de fin d'études de cette école de dentellières : chacun de ces travaux d'orfèvre a demandé des mois d'élaboration. Allez voir ensuite napperons et chemisiers vendus via Galuppi : la comparaison est cruelle !

Musée de la Dentelle, Piazza Galuppi, 187 • ☎ 041 73 00 34 • www.muve.it • Mar.-dim. : avr.-oct. 10h-18h, nov.-mars 10h-17h ; f. de la billetterie 30 min avant ; f. 1er janv., 1er mai et 25 déc. • Entrée : 5 € .

❸ Pour une pause au bord de l'eau : Da Forner

Sur le quai paisible qui borde le canal sont disposées quelques tables, à l'écart du flot de touristes. Des menus honnêtes et copieux sont proposés en plus de la carte. Un bon choix de poissons en entrée ou en plat principal, et les classiques, comme l'escalope milanaise ou les seiches à l'encre, font la réputation du lieu.

Fondamenta Terranova, 130 • ☎ 041 730 002 • www.daforner.it • Jeu.-mar. 12h-15h • Menus de 20 à 25 €.

Mazzorbo

❹ DANS LES VIGNES DE VENISE**

Ceux qui traversent le grand pont de bois reliant l'île de Burano à celle de Mazzorbo sont récompensés par une atmosphère d'un calme absolu, qui contraste avec l'image que l'on connaît de Venise. La vue sur les maisons colorées et le campanile penché de Burano depuis l'autre rive est véritablement enchanteresse. Moins connue que sa voisine, l'île de Mazzorbo offre un paysage champêtre de vignes et de petits quartiers résidentiels. L'architecte Giancarlo de Carlo y a conçu des maisonnettes aux formes douces, peintes dans des couleurs pastel : une belle réinterprétation des maisons de pêcheurs traditionnelles. Au printemps, les vignes du **domaine Venissa** ouvrent au public : c'est l'occasion d'une promenade au milieu des champs semés d'œuvres d'art dont les thèmes changent chaque année.

☎ 041 52 72 281 • info@venissa.it • Mars-nov. visites guidées et dégustations de vin sur réservation • Entrée gratuite.

Torcello

❺ BASILICA SANTA MARIA ASSUNTA★★★

Cette église, fondée en 639, a enchanté Hemingway, et vous séduira à coup sûr. Ses mosaïques (XIIe-XIIIe s.) sont l'un des témoignages les plus importants de l'art byzantin. Le *Jugement dernier* (mur ouest) décrit avec un plaisir sadique les tourments promis aux damnés. À noter, l'iconostase décorée d'animaux symboliques et la chaire, toutes deux en marbre. Le campanile, à proximité, offre une vue magique sur la lagune.

Piazza di Torcello • ☎ 041 730 119 • T.l.j. : mars-oct. 10h30-18h ; nov.-fév. 10h-17h ; f. de la billetterie 30 min avant • Entrée : 5 €.

❻ SANTA FOSCA★

Contemporaine de la basilique voisine, cette église trapue présente un plan intérieur octogonal surmonté d'un dôme circulaire. Sa façade s'ouvre par un superbe portique.

Piazza di Torcello • T.l.j. 10h30-18h (17h en hiver) • Accès libre.

❼ MUSEO DI TORCELLO★

Ce petit musée caché face à la basilique Santa Maria Assunta réunit de nombreux témoignages sur l'histoire de Torcello et de la lagune : portraits sur plaques dorées, fragments d'architecture et retables d'églises.

Piazza di Torcello • ☎ 041 730 761 • Mar.-dim. 10h30-17h30 ; 10h-17h en hiver • Entrée : 3 €.

Mazzorbo

Restos & bistrots

PAR QUARTIER

Les coups de cœur DE NOTRE AUTEUR 2018

Osterie typiques, pizzerias divines ou tables créatives, parmi la centaine d'adresses testées, voici celles que notre auteur a préférées.

CANTINA DO SPADE

Le paradis des *cicchetti*, amuse-bouches de l'apéro vénitien, à accompagner d'un spritz. Voir p. 68.

LINEA D'OMBRA OU I FIGLI DELLE STELLE

Parce qu'ils ont tous deux pour bande-son le clapotis des vagues. Voir p. 119 et p. 139.

Linea d'Ombra

I Figli delle Stelle

VECIO FRITOLIN

La palme du meilleur assortiment de fromages et compotes. Voir p. 123.

ENOTECA SAN MARCO

Inspirée et chaleureuse, la meilleure *enoteca* de la Frezzeria. Voir p. 112.

ACQUA & MAIS

Qui a dit que la rive droite manquait de bons en-cas à petits prix ? Voir p. 127.

IL REFOLO

Une excellente pizzeria sur une adorable placette : que demander de plus ? Voir p. 124.

À SAVOIR

OÙ ET QUAND MANGER ?

Bien sûr, la gastronomie italienne est reine à Venise. La Sérénissime compte une infinité de restaurants, de cantines, de troquets où manger sur le pouce, ainsi que des haltes gastronomiques. On mange les *pizze* dans les ***pizzerie*** ; les ***trattorie*** et ***osterie*** sont des adresses traditionnelles, entre l'auberge et le bistrot, tandis que les ***ristoranti*** sont, en théorie, plus gastronomiques.
Les Italiens ne mangent pas tard et Venise ne déroge pas à la règle. Dans les ***bacari*** ou *osterie*, l'équivalent de nos bistrots ou bars à vins, on dîne au comptoir avec un verre de vin avant 22h. On déjeune entre 12h et 15h et on dîne entre 20h et 21h30. En arrivant à 19h30, on est plus sûr d'avoir une place.

LES ÉTAPES DU REPAS

Traditionnellement, un menu italien se déroule en cinq étapes : ***antipasti*** (hors-d'œuvre, jambon, soupe), ***primo*** (le premier plat, souvent des pâtes), ***secondo*** (le deuxième plat, généralement viande ou poisson), ***contorni*** (légumes ou salade) et ***dolce*** (dessert). Mais chacun fait selon son appétit et, à part de rares exceptions, il est possible de ne commander qu'un plat !

COMBIEN ÇA COÛTE ?

Dans une *osteria*, compter de 20 à 25 €, et au moins le double dans un bon restaurant. Il faut généralement ajouter le couvert (de 2 à 5 €), le service (12 %) et parfois le pourboire.

UN LABEL POUR SE REPÉRER

Devant la prolifération de restaurants de piètre qualité, la ville a mis en place le label **Venice Quality Food,** bleu sur fond blanc. Les restaurants qui l'affichent doivent réunir certains critères: utiliser des produits frais cultivés localement, n'avoir recours à aucun plat préparé industriellement et être les « gardiens de la cuisine vénitienne ».

SE REPÉRER

Chaque adresse de restaurant est associée à une pastille orange numérotée. Vous retrouverez toutes les adresses positionnées sur le plan détachable.

Restos & bistrots
PAR QUARTIER

La place Saint-Marc et le palais des Doges (Quartier 1 - p. 26)

CAFFÈ LAVENA
Salon de thé ① Plan I8

Ce salon de thé cossu, fondé en 1750, est, avec ses voisins le Florian et le Quadri, l'un des grands cafés de la place. Les compositeurs Franz Liszt et Richard Wagner étaient de fidèles clients. Les pâtisseries (15 €) sont excellentes, les sorbets aussi (15,40 €). Vous trouverez également quelques sandwichs.

Piazza San Marco, 133 • Ⓥ S. Marco • ☎ 041 522 40 70 • www.lavena.it • T.l.j. 9h30-minuit (21h30 en hiver) • Expresso 7,50 €.

GRANCAFFÈ QUADRI
Café ② Plan I8

Ouvert en 1775, le Quadri est l'autre grand *caffè* de la place : des salons à peine moins chics que ceux du Florian, une ambiance tout aussi feutrée et des tarifs comparables, majorés quand l'orchestre joue.

Piazza San Marco, 121 • Ⓥ S. Marco • ☎ 041 522 21 05 • www.alajmo.it • T.l.j. 9h-minuit (23h en hiver) • Expresso 7,50 €, croissant 4,50 €.

VOIR AUSSI :

Caffè Florian | p. 31 | ③ Plan I8

Du Museo Correr à La Fenice (Quartier 2 - p. 34)

GRAND CANAL RESTAURANT
Restaurant ④ Plan I8

Attendez une journée ensoleillée et installez-vous en terrasse juste avant le coucher du soleil pour savourer la vue sur la jonction des deux grands canaux, où se croisent gondoles, *vaporetti* et bateaux-taxis. Des mets préparés avec finesse défileront à votre table, comme le *seppia alla Veneziana*, un calamar tendre à l'encre de seiche servi avec de la polenta, ou le canard glacé aux petits artichauts. Côté desserts, l'originalité prime : laissez-vous tenter par les profiteroles revisitées aux fraises des bois (17 €), par exemple !

Calle Vallaresso, 1332 • Ⓥ Vallaresso • ☎ 041 520 02 11 • www.hotelmonaco.it • T.l.j. 12h30-14h30 et 19h30-22h30 • Repas env. 75 €.

ANTICO MARTINI
Restaurant ⑤ Plan H8

Une cuisine classique et sophistiquée à déguster aux

chandelles sur une terrasse au pied de La Fenice. À tester : les filets de sole Martini, le poisson vapeur aux herbes aromatiques et parfum de gingembre, et l'un des 300 vins de la cave.

Campo Teatro della Fenice, 1983 • Ⓥ Giglio • ☎ 041 522 41 21 • www.anticomartini.com • T.l.j. 11h30-23h30 ; f. janv. • Entrée, plat et dessert à partir de 80 €.

CAFFÈ CENTRALE

Brasserie ⑥ Plan H8

Vous voudriez dîner léger dans un cadre contemporain ? Essayez le « CC », à deux pas de La Fenice. Même petites, les portions sont très convaincantes : on a testé avec plaisir les *rösti* (gratins) végétariens de haricots et tomates cerises. Également des pâtes à la *carbonara di scampi* (langoustines) ou un hamburger au thon.

Calle Piscina de Frezzaria, 1659/B • Ⓥ Rialto ou Vallaresso • ☎ 041 887 66 42 • www.caffecentralevenezia.com • T.l.j. 19h-1h • Plat 18 €.

ENOTECA SAN MARCO

Traditionnel ⑦ Plan H8

Au beau milieu de l'hyper-touristique Frezzeria se cache ce petit bijou qui mise sur les produits de saison, avec une carte changeant toutes les deux semaines. Les cuisiniers sont très créatifs - on les voit à l'œuvre - et apportent autant de soin aux plats les plus élaborés qu'aux simples salades. 300 vins sur la carte, accueil souriant, *coperto* à 3,50 €. Attention, il vaut mieux réserver, surtout le samedi soir.

Calle Frezzeria, 1610 • Ⓥ Vallaresso • ☎ 041 528 52 42 • www.osteriasanmarco.it • Lun.-sam. 12h30-23h • *Antipasti* et *primi* à partir de 15 €.

VOIR AUSSI :

Da Carla | p. 36 | ⑧ Plan I8

Enoteca San Marco

Autour du campo Santo Stefano (Quartier 3 - p. 42)

PALAZZO GRASSI CAFÉ

Sur le pouce ⑨ Plan G8

Un petit creux du côté de San Samuele ? Poussez la porte du Palazzo Grassi (voir p. 44) et signalez à la caissière que vous montez au café (vous n'aurez pas à vous acquitter du prix du billet). L'escalier juste à gauche vous conduira à un espace tout blanc où certaines tables ont une jolie vue sur le Grand Canal. Le café, géré par le traiteur Rosa Salva, propose une formule buffet, au déjeuner, d'un excellent rapport qualité/prix. Vous pourrez y butiner des tomates confites, des poivrons marinés, des beignets de fleurs de courge...

Campo San Samuele, 3231 • Ⓥ S. Samuele • ☎ 334 688 77 84 ou 041 240 13 37 • Mer.-lun. 10h30-18h30 • Buffet 18 €.

GELATERIA PAOLIN

Glacier ⑩ Plan G8

Une adresse sympathique pour déguster une glace, plus encore pour prendre un petit déjeuner au soleil avant l'invasion des touristes ! À la place du traditionnel café, testez le *gianduiotto con la panna*, une spécialité turinoise à base de chocolat aux noisettes et de café, coiffé d'une montagne de crème fouettée.

Campo Santo Stefano, 2962 • Ⓥ S. Samuele • ☎ 041 522 55 76 • T.l.j. 9h-minuit (9h-20h nov.-mai) ; f. de mi-nov. à mi-fév. • Glace 1 boule 1,80 €.

VOIR AUSSI :

Al Bacareto | p. 44
| ⑪ Plan G8

Du Museo Fortuny au campo San Luca (Quartier 4 - p. 46)

DA ARTURO

Trattoria ⑫ Plan H8

Clientèle de quartier, ambiance décontractée et prix relevés pour cette trattoria aux mains du chef Ernesto Ballarin. Vous pouvez tester le filet de bœuf à la strogonoff et au poivre (47 €), servi avec des légumes de saison. En dessert, une mousse au chocolat et un tiramisu bien crémeux. Bons produits et service attentionné.

Calle degli Assassini, 3656 • Ⓥ S. Angelo ou Giglio • ☎ 041 528 69 74 • Lun.-sam. 12h-14h30 et 19h-22h30 ; f. en août • Repas de 50 à 80 € • Résa conseillée en saison.

ACQUA PAZZA

Restaurant ⑬ Plan H8

Les saveurs de l'Italie sont à l'honneur dans ce restaurant incontournable pour amateurs de poissons et fruits de mer (comptez env. 50 € par personne). Tenue

Les meilleures *TRATTORIE* ET *OSTERIE*

On raffole de ces auberges ou bistrots où les pâtes se déclinent de mille et une façons et où saveur rime avec chaleur.

A le Tole 6342

AL NONO RISORTO

L'endroit est toujours bondé, et pour cause... On raconte qu'on y sert les meilleures *pizze* de Venise... Voir p. 123.

ALLA MADONNA

On trouve ici des classiques italiens et vénitiens aux saveurs irréprochables et d'un excellent rapport qualité-prix. Voir p. 124.

DA LUCA E FREDO

L'un des meilleurs rapports qualité-prix de Venise, dans une ambiance bon enfant, entre *cicchetti* et spaghettis. Voir p. 137.

TRATTORIA DA BEPI

Des assiettes gourmandes et le meilleur tiramisu de la ville dans cette *trattoria* située à l'écart des touristes. Voir p. 134.

AI PROMESSI SPOSI

Une *osteria* authentique dans une ruelle minuscule pour déguster les spécialités vénitiennes ou quelques *cicchetti* au comptoir. Voir p. 137.

A LE TOLE 6342

Une *spaghetteria* artisanale où les pâtes sont cuisinées devant vos yeux. Excellentes pizzas aussi. Voir p. 133.

par un Napolitain, cette table propose des plats traditionnels de la région d'Amalfi. Goûtez les *laganelle allo scoglio* (30 €), les *paccheri di gragnano alla granseola* (30 €)... et, en saison, profitez de la belle terrasse. Excellentes *pizze* entre 16 et 20 € environ.
Campo Sant'Angelo, 3808 • Ⓥ S. Angelo • ☎ 041 277 06 88 • www.veniceacquapazza.com • Mar.-dim. 12h-15h et 19h-23h • Résa conseillée.

TEAMO CAFFÈ & WINE BAR

Sur le pouce ⑭ Plan H7-8

Teamo réunit l'art de grignoter à la vénitienne et l'art de vivre contemporain. Sous vitrine, d'excellentes boulettes de viande *(polpette)*, des sandwichs élaborés (jambon fumé et filaments de courgette grillés) et autres *tramezzini* très frais. Également des plats végétariens et vegan. Belle sélection de vins de région à savourer en terrasse.
Rio terrà della Mandola, 3795 • Ⓥ S. Angelo • ☎ 041 528 37 87 • www.teamowinebar.com • T.l.j. 8h-22h30 ; f. jeu. • De 10 à 15 €.

ROSA ROSSA

Pizzeria ⑮ Plan H8

Ici, il faut faire son choix entre une vingtaine de pizzas, la plupart à 12,50 € (seule la star de la maison - la Rosa Rossa - frise les 18 €), servies dans un cadre agréable, tout en pierres de taille, avec des rayonnages de bouteilles

Pasticceria Marchini

de vin. Les autres plats - *ravioloni, paccheri*... - ne s'embarrassent pas de fioriture mais sont plutôt bons, voire très bons comme l'assortiment de légumes grillés aux artichauts de Sant'Erasmo. Le seul petit point noir réside dans le service, un tantinet chaotique. Vérifiez bien votre addition : ils ont tendance à se tromper !
Calle della Mandola, 3709 • Ⓥ Rialto • ☎ 041 523 46 05 • T.l.j. 12h-22h sf mer. 18h-22h • *Ravioloni* 15 €.

PASTICCERIA MARCHINI

Pâtisserie ⑯ Plan H7

Si vous voulez partager un coin de comptoir en marbre avec des habitants du cru, cap sur le Marchini Time. Le café et le spritz (3,50 €) coulent à flots dans cette pâtisserie située sur une place souvent tranquille, où l'on déguste aussi des *zaletti* (spécialités aux raisins), des *gondole* et des *golosessi* (biscuits secs, 1,50-4 €) en devisant gaiement.
Campo San Luca, 4593 • Ⓥ Rialto • ☎ 041 241 30 87 • T.l.j. 7h30-20h30.

VOIR AUSSI :

Al Volto | p. 47 | ⑰ Plan H7

Les Mercerie (Quartier 5 - p. 48)

ROSTICCERIA SAN BARTOLOMEO
Sur le pouce ⑱ Plan I7

Dans ce restaurant souvent bondé et très animé, on voit aussi bien des tables d'habitués qui chantent et jouent aux cartes que des familles venues pour les célébrissimes *mozzarelle in carozza*, la spécialité de la maison : du pain, de la mozzarella, des anchois ou du jambon, le tout frit ! Petit conseil : évitez la salle à l'étage ; les prix sont majorés et l'ambiance y est beaucoup moins intéressante.

Calle della Bissa, 5424 • Ⓥ Rialto • ☎ 041 522 35 69 • T.l.j. 9h-21h30
***Mozzarella in carozza* : 2 €.**

GELATOTECA SUSO
Glacier ⑲ Plan I7

Un glacier comme on voudrait en trouver plus souvent ! Les parfums originaux font la renommée de cette maison vénitienne, comme le « Manet », par exemple : un chef-d'œuvre de pistache et de *gianduia* sublimé par une pointe de sel...

Calle della Bissa, 5453 • Ⓥ Rialto • ☎ 348 564 65 45 • T.l.j. 10h-23h30 (0h30 sam.-dim.) • 1 boule de glace 1,80 €-2,20 €.

ANTICO CALICE
Osteria ⑳ Plan I7

Tables en bois, lambris... des airs de chalet suisse pour cette *osteria* où les suggestions du jour, sur l'ardoise, sont toutes meilleures les unes que les autres : seiches à l'encre, morue à la plancha, friture de poissons, pâtes maison aux *calamaretti*, un must ! Vous pouvez faire l'impasse sur les *antipasti*, les plats sont très copieux. Accueil sympathique.

Rosticceria San Bartolomeo

Calle degli Stagneri, 5228 • Ⓥ Rialto • ☎ 041 520 97 75 • www.anticocalice.it • Lun.-jeu. 12h-15h et 19h-22h30 ; ven.-dim. 12h-22h30 • Repas de 30 à 40 €.

DA MARIO ALLA FAVA
Osteria ㉑ Plan I7

Nappes blanches, bougies, gravures et tableaux anciens... c'est le décor de cette *osteria* où l'on déguste, au rythme du menu qui change 4 fois par an, les spécialités de la lagune. Très bons desserts, préparés par le chef sous les yeux des clients. Des formules demi-portions (à moitié prix) permettent de goûter plusieurs spécialités. Accueil charmant. Seul bémol, la musique, un peu trop forte.

Calle dei Stagneri, 5242 • Ⓥ Rialto • ☎ 041 528 51 47 • www.ristorantemarioallafava.it • T.l.j. 12h-14h45 et 19h-22h15 • Repas complet : 50 € ; *gnocchi di patate con rapa rossa* : 16,90 €.

AI RUSTEGHI
Sur le pouce ㉒ Plan I7

Pour dénicher ce lieu minuscule, caché sur un *campiello*, n'hésitez pas à franchir un improbable *sottoportego* (passage couvert), car ce n'est que comme ça que les Vénitiens y arrivent ! Six tables dehors et un large comptoir à l'intérieur, garni de *cicchetti* - crevettes/cèpes, courgette/fromage... À accompagner d'une *ombra* (400 types de vins, à partir de 5 € le verre).

Campiello del Tentor, 5513 • Ⓥ Rialto • ☎ 338 760 60 34 • www.airusteghi.com • T.l.j. 11h-15h et 18h30-minuit • *Cicchetti* de 5 à 20 €.

LA VINARIA
Vénitien ㉓ Plan H7

Tout au bout de la riva del Vin, qui part du Rialto, là où les bateaux déchargeaient autrefois leur cargaison de vin, se trouve la Vinaria. Un cadre précieux avec vue sur le Grand Canal pour goûter la cuisine vénitienne, côté bistrot ou au restaurant (le risotto à l'encre de seiche est remarquable !). En été, des tables en terrasse ou dans le petit jardin.

Riva del Vin, 1096 • Ⓥ S. Silvestro • ☎ 041 241 06 65 • www.vinariaristorante.it • T.l.j. 12h-14h30 et 18h30 à 22h30 (avr.-oct) ; 12h-14h30 (nov.-mars) Risotto 18 € • Résa conseillée.

AL PORTEGO
Sur le pouce ㉔ Plan I6

Un *bacaro* de quartier où boire un verre et grignoter au comptoir ou en salle quelques *cicchetti*, concoctés avec les produits du marché, des tartines et deux ou trois plats chauds pour le déjeuner.

Calle Malvasia, San Lio, 6015 • Ⓥ Rialto • ☎ 041 522 90 38 • T.l.j. 11h30-15h et 17h30-22h • De 10 à 20 €, verres de vin de 1 à 4 €.

VOIR AUSSI :

Rosa Salva | p. 49 | ㉕ Plan H7

Autour des Gallerie dell'Accademia (Quartier 6 - p. 52)

GELATERIA NICO
Glacier (26) Plan B4

Comme il fait bon flâner le long des Zattere, un cornet de glace à la main ! Ici, vous pouvez choisir la formule à emporter (moins chère) ou vous installer en terrasse face au canal de la Giudecca. Dans les deux cas, demandez un ajout de *panna*, elle est délicieuse.

Fondamenta Zattere, 922 • Ⓥ Zattere • ☎ 041 522 52 93 • www.gelaterianico.com • Ven.-mer. 06h45-22h • Glace : 2,80 € + 0,50 € pour la panna.

LA RIVISTA
Poissons (27) Plan B4

Ce restaurant élégant mise sur la qualité des produits avec une carte tournée vers la mer : carpaccio de saumon, de bar et de poulpe (16 €), *bigoli* (spaghettis vénitiens) à la sardine...

Rio terrà A. Foscarini, 979/A • Ⓥ Accademia • ☎ 041 240 14 25 • Mar.-dim. 12h-14h30 et 19h-21h30 • Menu dégustation autour de 40 € (si résa).

LA CALCINA
Traditionnel (28) Plan B4

C'est le restaurant de la charmante pension La Calcina (voir p. 214). On choisira l'intérieur de style baroque vénitien, meublé à l'ancienne, ou la grande terrasse, au bord de l'eau, pour goûter une cuisine simple (salades, pizzas, *bruschette*) ou plus élaborée qui change tous les jours, au gré du marché.

Fondamenta Zattere ai Gesuati, 782 • Ⓥ Zattere • ☎ 041 241 38 89 • www.lacalcina.com • Mar.-dim. 12h30-22h30 (de mi-avr. à fin oct) ; 12h30-15h et 18h30-22h30 (de nov. à mi-avr.) • Autour de 40 € à la carte.

AGLI ALBORETTI
Vénitien (29) Plan B4

Ce petit restaurant attire une clientèle de connaisseurs et sert, dans un cadre feutré et très classique ou sur sa terrasse ensoleillée, une carte vénitienne assez élaborée.

Rio terrà A. Foscarini, 882 • Ⓥ Accademia • ☎ 041 522 99 37 • www.aglialboretti.com • Ven.-mer. 12h-14h30 et 19h-22h30 ; f. janv. et 10 j. en août • De 35 à 40 €.

AI ARTISTI
Vénitien (30) Plan G8

Ce restaurant propose des plats vénitiens à base de produits frais (le lundi, on n'y sert que de la viande car le marché de poissons du Rialto est fermé). Excellents desserts et une sélection de vins. Petite terrasse le long du *rio*.

Fondamenta della Toletta, 1169/A • Ⓥ Ca' Rezzonico • ☎ 041 523 89 44 • www.enotecaartisti.com • Lun.-sam. 12h45-15h et 19h-22h • De 15 à 30 €, dîner de 40 à 60 €.

TOLETTA
Pâtisserie ㉛ Plan G8

Pâtisseries, longues réglisses, douceurs miniatures, comme les bâtonnets de chocolat-orange-Cointreau ou les marrons glacés, sont à croquer sur place, au comptoir, dans une douce odeur de vanille, ou à déguster sur un banc, le long des Zattere. À emporter dans la valise : fondants, sablés, fruits déguisés (en pâte d'amande).

Calle della Toletta, 1192 • Ⓥ Accademia • ☎ 041 522 74 51 • Lun.-ven. 7h30-19h30, sam.-dim. 8h-19h30.

VOIR AUSSI :
Lo Squero | p. 54 | ㉜ Plan B4

La pointe du Dorsoduro (Quartier 7 – p. 56)

AI GONDOLIERI
Viande ㉝ Plan B4

Esthètes vénitiens, personnalités politiques et artistes se retrouvent à cette belle adresse du Dorsoduro. La spécialité : la viande, comme la poitrine de canard fumée et roquette (27 €) ou le filet de veau au foie gras et truffes noires (*vitello alla Rossini*, 36 € ; demi-portion 20 €).

Ponte del Formager, 366 • Ⓥ Salute ou Accademia • ☎ 041 528 63 96 • www.aigondolieri.com • T.l.j. 12h-14h30 et 18h30-22h ; bar 12h-23h • Entrée, plat et dessert à partir de 45 €, menu dégustation 65 €.

LINEA D'OMBRA
Traditionnel ㉞ Plan C4

Pour déjeuner au fil de l'eau, rien de tel que Linea d'Ombra : de sa terrasse en bois, le regard embrasse tout le canal de la Giudecca. Un panorama si magique qu'on en oublierait presque les plats de la maison, et ce serait dommage car ils sont bien troussés, comme la sélection de *crudo* en *antipasto* ou l'araignée de mer *(granseola)*. Tout est ultra-frais et savoureux. Dommage que le prix des vins soit si... déraisonnable !

Ponte dell'Umiltà, 19 • Ⓥ Salute • ☎ 041 241 18 81 • www.ristorantelineadombra.com • Mer.-lun. 12h-15h et 19h-22h15 ; f. de fin nov. à mi-mars • Plats à partir de 23 €.

VOIR AUSSI :

Corner Pub | p. 57 | ㉟ Plan B4

Du côté de la Ca' Rezzonico (Quartier 8 - p. 60)

CA' FUJIYAMA

Salon de thé ㊱ Plan B4

Elena Piaggi a repris le salon d'un couple ayant longtemps vécu au Japon. D'où le nom de ce charmant salon de thé dont le jardinet intérieur est si paisible que l'on y passerait un après-midi entier à se reposer les mollets devant une théière de *sencha* ou un jus de fruits frais. Si l'adresse vous plaît, sachez que vous pourriez même y dormir : les propriétaires font aussi bed & breakfast.

Calle lunga San Barnaba, 2727/A • Ⓥ Ca' Rezzonico • ☎ 041 724 10 42 • www.fujiyama.life • Lun.-ven. 11h-20h, sam. 14h-20h • Thé à partir de 4 €.

TRATTORIA SAN BASILIO

Trattoria ㊲ Plan A4

On goûte, à la terrasse de cette trattoria sans prétention, *pastas* traditionnelles et salades d'un excellent rapport qualité-prix. Une rareté du côté des Zattere... À deux pas de l'arrêt de *vaporetto*.

Fondamenta Zattere, Ponte Lungo, 1516 • Ⓥ S. Basilio • ☎ 041 521 00 28 • Lun.-sam. 12h-15h et 18h-22h • Entrée, plat et dessert de 35 à 50 €.

AI DO FARAI

Poissons ㊳ Plan G8

Les amateurs de poisson se régalent chez Do Farai, *osteria* connue pour son carpaccio de loup de mer (24 € les 400 g), ses mollusques grillés, sa soupe de poissons, ou encore la typique *polenta e schie* (polenta aux crevettes grises, 15 €). Le plus simple pour y aller : prendre la calle del Capeler à partir de la fondamenta Rezzonico. La terrasse sur le campiello dei Squelini est charmante.

Calle del Capeler, 3278 • Ⓥ Ca' Rezzonico • ☎ 041 277 03 69 • Lun.-sam. 12h-14h30 et 19h-22h30 • Repas de 25 à 45 €.

PREMIATA PASTICCERIA TONOLO

Café ㊴ Plan B3

Une délicieuse odeur de vanille et de chocolat émane du laboratoire. Le matin, prenez un café ou un

Sur le pouce
NOTRE SÉLECTION DE *CICCHETTI*

Le cœur de Venise bat - aussi - dans ses *bacari*, des adresses sans prétention où l'on prend, généralement au comptoir, un bon verre de vin *(ombra)* accompagné de *cicchetti*. La solution parfaite pour un en-cas rapide et économique.

Al Portego

AL VOLTO

Des vins italiens et des *cicchetti* très frais à l'assiette à deux pas du Grand Canal. Voir p. 47.

AI RUSTEGHI

Quelques tables sur un *campiello* et une farandole de *cicchetti* au comptoir. Voir p. 117.

ANTICA ADELAIDE

Pas seulement un restaurant, mais aussi un bar avec de bons *cicchetti* à apprécier, pour une fois, assis. Voir p. 136.

AL PORTEGO

Des *cicchetti* préparés avec des produits du marché, à accompagner d'un verre de vin. Voir p. 117.

AI OSTI

Arancini, polpette et fruits de mer se dégustent en compagnie des Vénitiens venus prendre un verre de vin après le travail. Voir p. 139.

cappuccino mousseux au comptoir. Et si vous êtes de passage lors du Carnaval, venez goûter les *fritole*.

Calle San Pantalon, 3764
• Ⓥ S. Toma • ☎ 041 523 72 09
• Mar.-sam. 7h45-20h, dim. 7h45-13h ; f. août • Petite pâtisserie à partir de 1,10 €.

AL PROFETA
Pizzeria ⑩ Plan A4

Voilà une trattoria qui collectionne les bons points : une liste impressionnante de *pizze*, énormes, bonnes et pas chères (de 7 à 11 €), du pain maison, un vin honnête et une terrasse-patio large et silencieuse.

Calle lunga San Barnaba, 2671
• Ⓥ Ca' Rezzonico• ☎ 041 523 74 66
• Mer.-lun. 12h-14h30 et 19h-22h30.

VOIR AUSSI :

Osteria ai Pugni | p. 63
| ㊶ Plan B4

Du pont du Rialto à la Ca' Pesaro (Quartier 9 - p. 66)

MURO SAN STAE
Restaurant ㊷ Plan G6

Voilà un restaurant qui mettra tout le monde d'accord avec son menu varié et maîtrisé. De la pizza au poisson du jour, tout est bon, simple et bien préparé. Dans l'assiette, les produits du marché s'accordent aux plats locaux ou nationaux. Une adresse de référence où vous serez bien accueilli.

Campiello dello Spezier, 2048
• Ⓥ S. Stae • ☎ 041 524 16 28
• www.naranzaria.it • T.l.j. 12h-22h30
• Pizzas de 7 à 15 €, pâtes aux palourdes 13 €.

NARANZARIA
Gastronomique ㊸ Plan H6

Une carte gastronomique, à découvrir en terrasse, sur le Grand Canal. Au menu : des salades inventives (12 €), des charcuteries régionales et, côté poisson, en direct du marché du Rialto voisin, le *baccalà mantecato e polenta* (16 €).

Campo San Giacometto, 130
• Ⓥ Rialto Mercato • ☎ 041 724 10 35
• www.naranzaria.it • T.l.j. 10h-1h (f. lun. nov.-mars) • Repas entre 25 et 45 €.

LA ZUCCA
Végétarien ㊹ Plan G6

C'est un ravissant petit restaurant où l'on goûte, en terrasse l'été, de succulentes pâtes et des plats végétariens. Une adresse loin du tumulte.

Calle del Megio, 1762 • Ⓥ S. Stae
• ☎ 041 524 15 70 • www.lazucca.it
• Lun.-sam. 12h30-14h30 et 19h-22h30
• Entrée, plat et dessert à partir de 30 €.

ANTICO DOLO
Vénitien ㊺ Plan H7

Une étape idéale pour se restaurer légèrement et goûter une cuisine

vénitienne typique autour du poisson. Bon choix de vins de pays, doux et gorgés de soleil, et de *cicchetti*. Accueil très sympathique.
Ruga vecchia San Giovanni, 778 • Ⓥ S. Silvestro • ☎ 041 522 65 46 • www.anticodolo.it • T.l.j. 11h-23h • Repas à partir de 20-40 €.

CANTINA DO MORI
Osteria ㊻ Plan H6

C'est l'une des *osterie* les plus célèbres de Venise pour déguster toutes sortes de vins de Vénétie qui accompagneront à merveille des *crostini* à la brandade de morue ou aux artichauts, ou encore quelques tartines.
Calle dei Do Mori, 429 • Ⓥ Rialto Mercato • ☎ 041 522 54 01 • Lun.-sam. 8h-19h30 • Verres de vin de 3 à 18 € ; *crostini* 2 €.

Vecio Fritolin

VECIO FRITOLIN
Vénitien ㊼ Plan G6

Au XVIIIᵉ s., c'était l'un des innombrables *fritolìn* où les Vénitiens achetaient leur dose quotidienne de poisson frit. Entre les mains d'Irina Freguia, native de la Giudecca, c'est aujourd'hui un restaurant soigné mais pas prétentieux, où l'on peut déguster le meilleur de la tradition vénitienne, revue et allégée.
On a eu un coup de cœur pour l'assortiment de fromages, servi avec différentes compotes (citron confit, artichauts et menthe...), mais la spécialité de la maison est le *baccalà mantecato* – la brandade de morue aux *sarde in saor* et polenta (18 €).
Calle della Regina, 2262 Ⓥ Rialto Mercato ou S. Stae ☎ 041 522 28 81 • www.veciofritolin.it • T.l.j. 12h-14h30 et 19h-22h (sf lun. et mar. midi) • Repas à partir de 45 € (sans le vin).

AL NONO RISORTO
Pizzeria ㊽ Plan H6

Un restaurant toujours bondé – on parle des meilleures *pizze* de Venise –, très agréable en saison pour dîner à l'ombre des glycines, au bord d'un *rio*. À ne pas manquer en saison, le *speck-zucca* (jambon fumé-potiron, 12 €). Le service est variable... comme l'humeur du patron.
Calle della Regina, 2338 • Ⓥ S. Stae • ☎ 041 524 11 69 • T.l.j. 12h-23h (f. mer. midi et jeu. en hiver) • Repas de 20 à 45 €.

ALLA MADONNA

Trattoria — 49 Plan H7

Plusieurs salles n'y suffisent pas : cette agréable trattoria créée en 1954 est toujours bondée ! La recette : une carte vénitienne et italienne, des plats de viande ou de poisson irréprochables, des légumes de saison, un bon rapport qualité-prix, un esprit brasserie, un service souriant et soigné.

Calle della Madonna, 594 • Ⓥ Rialto • ☎ 041 522 38 24 • www.ristoranteallamadonna.com • Jeu.-mar. 12h-15h et 19h-22h30 ; f. janv. • Repas env. 50 €.

IL REFOLO

Pizzeria — 50 Plan G6

Situé au bord d'un *rio*, un peu à l'écart du vaste et paisible campo San Giacomo dell'Orio, Il Refolo propose d'excellentes *pizze*, de petits plateaux de fromages de la région et même des huîtres. Une adresse romantique.

Campiello del Piovan, 1459 • Ⓥ Riva di Biasio ou S. Stae • ☎ 041 524 00 16 • T.l.j. 12h-16h et 18h-22h (f. de nov. à mars) • Pizzas à partir de 10 €, de 25 à 40 € à la carte.

CAPITAN UNCINO

Traditionnel — 51 Plan G6

À fréquenter pour sa jolie terrasse et ses bons plats ! À l'angle de la place, vous êtes accueilli par le chariot à desserts, qui met déjà l'eau à la bouche avec de belles tartes copieuses. À la carte, vous avez le choix entre des *pizze* de belle taille (6-10 €) ou des plats typiques, comme les sardines *in saor* ou les artichauts à la romaine.

Campo San Giacomo dell'Orio, 1501 • Ⓥ S. Stae • ☎ 041 721 901 • www.tavernacapitanuncino.it • Jeu.-mar. 9h-22h • Repas env. 25 €.

PANE VINO E SAN DANIELE

Sur le pouce — 52 Plan H6

Une adresse simple et chaleureuse où picorer pain, charcuterie et fromage accompagnés d'un bon verre de vin. Au comptoir, une belle sélection de *cicchetti*, *pizze* et salades composées pour manger sur le pouce. La *focaccia* au jambon de San Daniele est délicieuse (9-15 €).

Calle dei Botteri, 1544 • Ⓥ Rialto

Pane Vino e San Daniele

Mercato • ☎ 380 410 84 46 • www.panevinorialto.it • Lun.-sam. 10h-16h et 18h-1h (f. des cuisines 22h30) • De 15 à 20 €.

ANTICO FORNO

Pizzeria ⑤③ Plan H7

Fines ou épaisses mais toujours divinement garnies, les *pizze* de l'Antico Forno s'engloutissent au comptoir ou en flânant dans la rue. Margherita, jambon cru-*rughetta* ou quatre saisons, faites votre choix.

Rugheta del Ravano, 970-973 • Ⓥ Rialto ou S. Silvestro • ☎ 041 520 41 10 • T.l.j. 11h30-21h30 (minuit sam. en été) ; parfois f. le dim. • La part de pizza de 3 € à 3,50 €.

Antico Forno

AL PROSECCO

Traditionnel ⑤④ Plan G6

Sa terrasse, face aux arbres du *campo*, est très agréable aux beaux jours. Au menu, une belle sélection de fromages, de charcuteries régionales, de viandes et de poissons fumés... Pour accompagner le tout, laissez-vous conseiller, la cave est impressionnante (verre de vin à partir de 4 €) !

Campo San Giacomo dell'Orio, 1503 • Ⓥ S. Stae ou Riva di Biasio • ☎ 041 524 02 22 • www.alprosecco.com • Lun.-sam. 10h-20h (f. sam. en hiver) • De 18 à 40 €.

VOIR AUSSI :

Cantina do Spade | p. 68 | ⑤⑤ Plan H6

Autour de la Basilica dei Frari (Quartier 10 - p. 70)

IMPRONTA CAFÈ

Gastronomique ⑤⑥ Plan B3

Quelque part dans le chaleureux quartier qui s'étend entre la Chiesa di San Pantalon et la Basilica dei Frari, l'Impronta Cafè se reconnaît à son décor design, épuré sans être guindé. Le menu est régulièrement réinventé par le chef qui propose une cuisine chatouillant les sens par le mariage du cru, du frit ou du sucré-salé. Son *antipasto* saumon cru et

Nos pâtisseries PRÉFÉRÉES

En vous promenant dans Venise, vous ne pourrez pas les rater : les vitrines des pâtisseries vénitiennes sont irrésistibles ! L'occasion de goûter notamment les spécialités réalisées durant le Carnaval.

ROSA SALVA

Une valeur sûre pour goûter aux biscuits *buranelli*, typiques de l'île de Burano et dégustés partout à Venise. Voir p. 49.

RIZZARDINI

Excellente adresse tout au long de l'année, mais spécialement lors du Carnaval pour ses délicieuses *fritelle*, beignets traditionnels. Voir p. 128.

PREMIATA PASTICCERIA TONOLO

Un lieu qui occupe une place de choix dans le cœur des Vénitiens. Et comme on les comprend ! Biscuits, meringues, tiramisu et *galani* pendant le Carnaval. Voir p. 120.

PASTICCERIA DA BONIFACCIO

Des pâtisseries au bon goût d'autrefois préparées dans la cuisine de cet adorable café vintage. Parfait pour un petit déjeuner rapide. Voir p. 130.

courgettes frites à la sauce aigre-douce est très convaincant. Le reste de la carte est à cette image.

Dorsoduro, 3815 • Ⓥ S. Tomà • ☎ 041 275 03 86 • T.l.j. 11h-24h • Plats de pâtes autour de 15 €.

ESTRO

Gastronomique ⑰ Plan B3

Une adresse qui cultive son goût du le bon vin ! Deux espaces, le bistrot et le restaurant, pour s'essayer à une expérience gustative mémorable. Burgers au thon, *foccaccie*, plateaux de fromage. Voilà pour le côté bistrot. En salle, le menu réinvente les produits de saison, comme dans sa version de la carbonara aux artichauts frits.

Dorsoduro, 3778 • Ⓥ S. Tomà • ☎ 041 476 49 14 • www.estrovenezia.com • Mer.-lun. 10h-minuit • Burger 16 €, pâtes autour de 14 €.

AE CRAVATE

Traditionnel ㊳ Plan A3

L'expression « tomber la cravate » n'a jamais été aussi vraie : elles pendent par

centaines au plafond ! Mais sous ses allures informelles, cette *osteria* sert une cuisine rigoureuse et fine. Commencez par l'assortiment de poissons grillés (25 €) ou le poisson *in saor* (13 €) avant d'attaquer les *ravioli alla busera* (15 €).
Salizada San Pantalon, 36-38 • Ⓥ S. Tomà • ☎ 041 528 79 12 • T.l.j. 11h30-15h30 et 18h-23h (f. mar. en hiver) ; f. 2 semaines en janv. • Repas entre 30 et 40 €.

DA FIORE
Poissons (59) Plan G6

Vous profiterez ici d'un restaurant de poisson excellent, une institution à Venise. En moyenne 85 € à la carte, certes ce n'est pas donné, mais le menu du midi à 50 € ne vous décevra pas. Cadre chic. Pas de terrasse mais un mini-balcon.
Calle del Scaleter, 2202/A • Ⓥ S. Silvestro • ☎ 041 72 13 08 • www.dafiore.net • Mar.-sam. 12h30-14h30 et 19h-22h30.

DA IGNAZIO
Traditionnel (60) Plan G7

Une trattoria très agréable pour un dîner décontracté sous la treille. La cuisine est bonne (la carte propose beaucoup de poissons), et le tiramisu, fondant à souhait.
Calle dei Saoneri, 2749 • Ⓥ S. Tomà • ☎ 041 523 48 52 • www.trattoriadaignazio.com • Dim.-ven. 12h-15h et 19h-22h30 ; f. 7-21 août • Repas de 30 à 55 €.

Acqua & Mais

ACQUA & MAIS
Sur le pouce (61) Plan H7

Pour déjeuner sans se ruiner, il y a cet adepte de la street food qui est, sans conteste, le meilleur du quartier. Alvise Tiozzo concocte chaque jour une dizaine de spécialités : la salade de poulpe, les *sarde in saor*, les tomates farcies, les boulettes *(polpette)* de thon... Les ingrédients viennent tout droit du marché. Et la *parmigiana di melanzane* est carrément délicieuse. Le tout se mange sur place, debout, ou s'emporte pour pique-niquer un peu plus loin. Sur les bancs du campo San Polo, par exemple !
Campiello dei Meloni, 1411-1412 • Ⓥ S. Silvestro • ☎ 041 296 05 30 • T.l.j. 9h30-20h • *Polpette* 1,50 €.

GELATERIA ALASKA
Glacier (62) Plan B2

Carlo Pistacchi travaille à partir de produits naturels, ses parfums de glace suivent les saisons et sont absolument inattendus : fenouil, artichaut, gingembre, carotte, tiramisu, pistache, wasabi, cardamome, roquette...
Ce passionné sait aussi conseiller et, s'il ne vient pas tout de suite à vous, c'est qu'il est juste derrière, dans son laboratoire d'idées, à surveiller ce qui s'y passe. Sa microboutique est près de la Chiesa San Giacomo dell'Orio.

Calle larga dei Bari, 1159 • V Riva di Biasio • ☎ 041 71 52 11 • T.l.j. 11h-23h (avr.-oct.) et 11h-21h (nov.-mars) • Glace 1 boule 1,50 €, 2 boules 2,50 €.

ALLA PATATINA
Traditionnel (63) Plan G7

Une adresse tout indiquée pour manger des *polpette* (boulettes, 2 €) et goûter aux spécialités de *parpadelle* au thon et à la tomate (16 €) ou de pétoncles aux champignons... et encore d'autres mets régionaux.

Calle dei Saoneri, 2741 • V S. Tomà • ☎ 041 523 72 38 • www.lapatatina.it • T.l.j. 9h-23h • Repas de 20 à 50 €.

PASTICCERIA RIO MARIN
Pâtisserie (64) Plan B3

C'est dans un quartier en retrait que se trouve l'une des meilleures pâtisseries de Venise. Pour assister à la préparation des délices de Bianca Balestra et Dario Ruzzene, direction la fabrique, en face de la boutique : la *crostata di marroni* (une douceur aux marrons, 30 € le kilo) et le tiramisu sont inoubliables.

Fondamenta Rio Marin, 784 • V Riva di Biasio • ☎ 041 718 523 • Lun.-mar. et jeu.-ven. 7h-20h, sam.-dim. 8h-20h.

IL DOGE
Glacier (65) Plan G7

Massimiliano et son cousin Mauro sont glaciers et mettent un point d'honneur à n'utiliser que des ingrédients naturels. L'un tient la *gelateria* du campo Santa Margherita. L'autre, celle du campiello San Tomà. Et franchement, il n'y a pas photo : leur *crema del Doge* à base de crème et d'un soupçon d'orange est meilleure que tous les « sticks » à la mode.

Campiello San Tomà, 2815-2816 • V San Tomà • www.gelateriaildoge.com • T.l.j. 10h-23h • Sorbet 1,50 €, 2 boules 2,50 €.

RIZZARDINI
Pâtisserie (66) Plan H7

On trouve dans cet élégant bar-*pasticceria* les douceurs traditionnelles de Venise, à accompagner d'un cappuccino... ou carrément d'un Prosecco (2 €), qui s'accorde à merveille avec le sucré. La fameuse couronne

vénitienne *(bussola)*, avec sa pâte sablée, ou les *cestoni di mandorle* (amandes et pâte d'amande, 4 €) sont plus fins qu'ailleurs. Également quelques *pizzette* pour les becs salés.
Campiello dei Meloni, 1415
• Ⓥ S. Silvestro • ☎ 041 522 38 35
• Mer.-lun. 7h30-20h.

VOIR AUSSI :

Bar Ai Nomboli | p. 72
| ⑰ Plan G7

La Riva degli Schiavoni et le pont des Soupirs (Quartier 11 - p. 74)

COVINO
Gastronomique ⑱ Plan D3

Le repaire des gourmets à la recherche de nouvelles sensations culinaires. Dans une salle minuscule (33 m² pour 14 couverts), le jeune Andrea Lorenzon réussit le pari de proposer des plats surprenants et de saison, inspirés du quotidien, comme son *ragù di mamma Liviana*. Si le menu change souvent, les exigences restent les mêmes : des produits haut de gamme, comme les crevettes de l'Adriatique ou les pistaches de Brontë, préparées avec classe devant les clients.
Calle del Pestrin, 3829
• Ⓥ Arsenale • ☎ 041 241 27 05
• www.covinovenezia.com
• Jeu-lun 12h30-15h30 et 19h-1h
• Résa indispensable • Menu midi à 27 € ou 36 € (un ou deux plats + dessert), menu unique le soir 40 €.

CORTE SCONTA
Traditionnel ⑲ Plan D3

Une *osteria* chic et branchée. Mobilier en bois ciré, magnifique bar en cuivre, et surtout excellents plats de poisson (les *gnochetti* à l'espadon et les encornets farcis à la Trévise sont parfaits, 18 et 25 €). Par beau temps, les tables sont dressées dans la cour. Le restaurant préféré de Hugo Pratt, le créateur de Corto Maltese !
Calle del Pestrin, 3886
• Ⓥ Arsenale • ☎ 041 522 70 24
• www.cortescontavenezia.it
• Mar.-sam. 12h30-14h30 et 19h-21h30 ; f. janv. et de fin juil. à mi-août
• Repas à partir de 60 €.

Corte Sconta

PASTICCERIA DA BONIFACCIO

Pâtisserie (70) Plan D3

Dans une ruelle derrière le palais des Doges, cette minuscule pâtisserie parfume l'air du quartier de délicieuses odeurs sucrées dès le petit matin. Les habitués s'y retrouvent pour un amuse-bouche salé à midi, ou pour une petite douceur à toute heure. Avec sa déco originale des années 1960, l'échoppe nous renvoie à la nostalgie d'une Venise d'antan.

Calle dei Albansei, 4237 • Ⓥ S. Zaccaria • ☎ 041 522 75 07 • T.l.j. 6h30-18h • Mignardises et croissants à partir de 1 €.

AL COVO

Traditionnel (71) Plan D3

Le restaurant de Diane et Cesare Benelli est une valeur sûre depuis 1987. Au menu, des recettes traditionnelles, parfois oubliées et remises au goût du jour, à base de produits du terroir : légumes des vergers de Sant'Erasmo et Vignole, poissons de l'Adriatique à l'huile d'olive, anguille à la poêle *(bisàto in tecia)*, moules aux petites courgettes, *bìgoli in salsa*... Seule la viande n'est pas vénitienne.

Campiello della Pescheria, 3968 • Ⓥ Arsenale • ☎ 041 522 38 12 • www.ristorantealcovo.com • Ven.-mar. 12h45-14h et 19h30-22h • Repas 55 €, *coperto* 5 € • Le soir, tenue correcte exigée • Résa conseillée.

BACARANDINO

Traditionnel (72) Plan D3

C'est un petit restaurant sur lequel on tombe par hasard en se baladant du côté de l'Arsenale. Pourtant, même s'il est excentré et que certains plats sont un chouïa généreux en huile, cela vaut la peine d'y aller exprès, car le Bacarandino a deux atouts :

Pasticceria da Bonifaccio

une terrasse sympathique et un service non-stop. Comptez 11 € pour une belle assiette d'*orecchiette* (pâtes en forme de petites oreilles) et 17 € pour un saumon au safran. Ici, pas de *coperto* mais un service à 12 %.

Calle dei Corazzieri, 3839 • Ⓥ Arsenale • ☎ 041 528 69 96 • www.bacarandino.it • T.l.j. 10h30-minuit • Pâtes autour de 14 €.

MELA VERDE

Glacier ⑦③ Plan D3

La spécialité de ce glacier, c'est assurément les sorbets : on fond pour les saveurs pomme verte - qui donne son nom à l'enseigne -, fraise, poire ou citron, toutes proposées avec de vrais morceaux de fruits dedans.

Fondamenta dell'Osmarin, 4977/A • Ⓥ S. Zaccaria • ☎ 349 195 79 24 • www.gelateriamelaverde.it • T.l.j. 11h-21h (23h mai-fin sept.) • 1 boule 2 €, 2 boules 3 €.

DO LEONI

Vénitien ⑦④ Plan D3

On vous signale le Do Leoni parce qu'on aime bien la façon dont Louis Indri, le chef, réinterprète les classiques vénitiens et a l'art de chatouiller les papilles. Bien sûr, c'est cher comme tous les établissements de la Riva degli Schiavoni (*coperto* à 7 €) mais rien ne vous interdit de n'y prendre qu'un thé ou une pâtisserie. Et puis la vue depuis la terrasse est toujours un plaisir.

Londra Palace, Riva degli Schiavoni, 4171 • Ⓥ S. Zaccaria • ☎ 041 520 05 33 • www.londrapalace.com • T.l.j. 12h-15h et 19h30-22h30 • Menu 90 €.

BIRRERIA FORST

Sur le pouce ⑦⑤ Plan D3

Un petit bar à bières dans l'agréable quartier de Castello, pour se sustenter entre deux musées. Au menu, *tramezzini piccanti* (sandwichs pimentés au pain noir, 2,80 €) et bien d'autres choses bonnes et pas très chères.

Calle de le Rasse, 4540 • Ⓥ S. Zaccaria • ☎ 041 523 05 57 • T.l.j. 9h30-23h.

VOIR AUSSI :

Antica Sacrestia | p. 76 | ⑦⑥ Plan D3

De l'Arsenale aux Giardini (Quartier 12 - p. 78)

IN PARADISO

Traditionnel ⑦⑦ Plan F4

Vous trouverez le « Paradis » juste à l'entrée des jardins de la Biennale. Il a la chance d'avoir une jolie terrasse ombragée face à la lagune, et si vous n'êtes pas trop pressé (car le service est très décousu !), cela vaut la peine d'y prendre le thé ou d'y déjeuner : la vue est agréable et les *tagliolini*

aux artichauts de Sant'Erasmo sont tout à fait corrects.
Giardini della Biennale, 1260 • Ⓥ Giardini • ☎ 041 241 39 72 • www.inparadiso.net • Mars-déc. : t.l.j. 7h30-21h (22h pendant la Biennale) • Plat 15 €.

LE SPIGHE
Végétarien ⑱ Plan E4

Vous faites une overdose de pizzas et de paninis ? Le *Spighe* (« les Épis ») met tout le monde au régime végétarien avec des produits sains, bio, des plats faits maison et sans gluten, à manger sur place – il y a quelques tabourets – ou à emporter.
Via Garibaldi, 1341 • Ⓥ Giardini ou Arsenale • ☎ 041 523 81 73 • Lun.-sam. 10h30-14h30 et 17h30-19h30 ; f. le lun. après-midi • Plats 10-15 €, portions à emporter 4-14 €.

VOIR AUSSI :

Caffè La Serra | p. 80 | ⑲ Plan E4

Santa Maria Formosa (Quartier 13 – p. 84)

ANTICA OSTERIA ARDENGHI
Traditionnel ⑳ Plan I6

Voilà une adresse comme on les aime : un service impeccable, des prix corrects et des assiettes raffinées. L'apéritif est offert pendant que vous vous penchez sur la carte, hésitant entre la sole fourrée aux langoustines (22 €), les filets de rouget à la méditerranéenne ou le foie à la vénitienne, entre autres... Sur les murs, des photos de scènes de vie vénitiennes des années 1960, et sur les étagères, quelques ouvrages sur Venise à la disposition des clients.
Calle della Testa, 6369 • Ⓥ Rialto • ☎ 349 538 75 75 • www.anticaosteriaardenghi.it • T.l.j. 12h-22h (cuisines 12h-14h30 et 19h-21h45).

RUGA DI JAFFA
Sur le pouce ㉑ Plan D3

Idéal pour une pause en plein centre. Au comptoir, faites-vous préparer une belle assiette de *cicchetti* : œufs aux anchois, boulettes de viande, petites seiches ou encore... tripes à la vénitienne ! Et si le lieu vous plaît, des tables accueillent les affamés ; on y sert de belles portions de plats typiques comme les pâtes à l'encre de seiche ou aux palourdes.
Ruga Giuffa, 4864 • Ⓥ Rialto • ☎ 041 241 10 62 • T.l.j. 6h30-minuit • *Cicchetti* à partir de 1 €, pâtes aux palourdes 17 €.

ALLE TESTIERE
Vénitien ㉒ Plan I7

Cette *osteria* est LE temple de la gastronomie vénitienne. Vous

la trouverez entre Santa Maria Formosa et San Lio, mais si vous n'avez pas réservé, vos chances d'y dîner sont minces car l'espace est minuscule (22 m²). Pourtant, les patrons, Luca et Bruno, y font des miracles. Salade tiède de calamars et cardons, filet de saint-pierre aux artichauts violets de Sant'Erasmo : tout est cuisiné sur place, à partir de produits frais, avec un soin infini.
Calle del Mondo Nuovo, 5801 • Ⓥ Rialto • ☎ 041 522 72 20 • www.osterialletestiere.it • Mar.-sam. 12h30-13h30 et 19h-22h30 • Repas sans vin : 55 €.

LA COLONNA
Vénitien ⑧③ Plan I6

Des plats vénitiens typiques comme le risotto, le carpaccio de poisson, la sole grillée (21 €) ou les *bigoli in salsa* (spaghettis vénitiens aux anchois et oignons, 12 €). Excellentes pâtes, notamment les *tagliolini* crabe-*rucola* (12 €). Cadre rustique et service agréable. Mini-terrasse en été.
Campiello del Pestrin, 5329 • Ⓥ Rialto • ☎ 041 522 96 41 • Jeu.-mar. 12h-15h et 18h-22h (t.l.j. en été) • Entrée, plat et dessert à partir de 25 €, menus de 19 à 25 €.

A LE TOLE 6342
Pâtes ⑧④ Plan D3

A le Tole 6342 est une *spaghetteria* artisanale. *Tagliatelle, fettucine* ou *gnocchetti*, elles sont toutes préparées devant vous et cuites

A le Tole 6342

al dente, comme il se doit. On y fait aussi d'excellentes pizzas (dont la fameuse *Tre archi* à la viande des Grisons, mozzarella et huile de truffe). Pour décrocher une table, il faut donc réserver ou venir très tôt !
Calle delle Carrozze, 6342 • Ⓥ Ospedale • ☎ 041 520 04 74 • www.6342aletole.it • T.l.j. 12h-15h30 et 17h30-22h30 • Pâtes de 10 à 18 €.

BOCCADORO
Poissons ⑧⑤ Plan I6

Vous aimez les poissons et fruits de mer ? Luciano Orlandi, chef du Boccadoro, en est un spécialiste : huîtres, thon, espadon, crevettes grises, saint-pierre... Les produits sont si frais qu'on les mangerait crus. À découvrir, les *antipasti* de poisson cru (*antipasti di pesce crudo*, 20 à 25 €), mais aussi les fromages et les vins sardes.
Campiello Widman, 5405 • Ⓥ Rialto • ☎ 041 521 10 21 • www.boccadorovenezia.it • T.l.j. 12h30-14h30 et 19h30-22h30 (f. lun.) • À partir de 45-60 €.

UN MONDO DIVINO

Sur le pouce (86) Plan I6

Cette *cicchetteria* et *osteria* est très populaire. Et pour cause, c'est très bon et très frais : bouchées de saucisses et tomates séchées, de courgettes et feta, de poissons grillés et de boulettes de viande… Le tout à savourer bien évidemment debout. Mais à 1,50 € le *cicchetto,* vous vous apercevrez que l'addition grimpe vite ! Moins chers, quelques sandwichs de charcuterie et un menu du Doge à 12,90 € *(cicchetti)*. Belle carte de vins vénètes servis au verre.

Salizzada San Canciano, 5984/A
• Ⓥ Ca' d'Oro • ☎ 041 521 10 93
• T.l.j. 10h-23h (juil.-août : f. jeu.)
• Autour de 10 €.

Un Mondo DiVino

OSTERIA DA ALBERTO

Vénitien (87) Plan I6

Une décoration chargée comme dans une brocante, des napperons au crochet, et surtout une bonne dizaine d'habitués qui défilent au comptoir le temps d'un petit Prosecco. Mieux vaut s'installer près de l'entrée pour goûter à l'ambiance en dégustant un foie à la vénitienne, des gnocchis ou des spaghettis préparés sur place. Tous les classiques de la cuisine vénitienne sont présents, ainsi que des tartes et tiramisus alléchants pour le dessert !

Calle larga Giacinto Gallina, 5401
• Ⓥ Rialto • ☎ 041 523 81 53
• www.osteriadaalberto.it
• T.l.j. 10h30-15h et 18h30-23h
• Repas env. 35 €.

MASCARETA

Bar à vins (88) Plan D3

Ambiance sélecte dans cette *enoteca* de San Marco offrant un excellent choix de vins et des expositions temporaires d'artistes locaux.

Calle lunga S. M. Formosa, 5183
• Ⓥ S. Zaccaria • ☎ 041 523 07 44
• www.ostemaurolorenzon.com
• T.l.j. 19h-2h • *Antipasti* et *primi* 15 €, *secondi* 22 €.

TRATTORIA DA BEPI

Traditionnel (89) Plan H6

Une envie de sardines fraîches à la vénitienne, d'un plat de morue, d'une salade crevettes-artichauts ou de poivrons grillés ? Cette trattoria située à l'écart du flot de touristes dispose d'une belle carte et prépare des assiettes gourmandes. Ne manquez pas l'incontournable tiramisu, l'un des meilleurs de Venise !

Salizada del Pistor, 4550 • Ⓥ Ca' d'Oro • ☎ 041 528 50 31 • Ven.-mer. 12h-14h30 et 19h-22h • Repas env. 35 €.

VOIR AUSSI :

Osteria di Santa Marina | p. 86 | (90) Plan I7

Le Cannaregio, le Ghetto et la Ca' d'Oro (Quartier 14 - p. 88)

OSTERIA OMBRA 1

Osteria (91) Plan H6

Déjà depuis la *calle*, on salive à la vue des énormes jambons de la vitrine. Debout ou assis à l'une des tables de cette étroite *osteria*, on goûte à des plateaux de *cicchetti* composés des meilleurs jambons d'Italie, de fromages de toutes les régions et d'amuse-bouches, tous faits maison.

Calle dell'Oca, 4426 • Ⓥ Ca' d'Oro • ☎ 041 241 27 31 • T.l.j. 9h30-15h et 18h-23h • *Cicchetti* à partir de 1,50 €, assiette dégustation 12 €.

ORIENTAL EXPERIENCE

Exotique (92) Plan B2

À deux pas du ghetto, dans un cadre des *Mille et Une Nuits*, ce petit restaurant nous entraîne dans un voyage au Moyen-Orient. Afghanes, perses, iraniennes..., les spécialités puisent dans toutes les cultures pour un dépaysement total. Un restaurant d'une grande qualité à prix modéré, rare à Venise !

Rio Terrà Farsetti 1847/B • Ⓥ S. Marcuola • ☎ 041 822 43 37 • T.l.j. 11h-23h30 • Plats à partir de 7 €.

VINI DA GIGIO

Traditionnel (93) Plan C2

Chez Gigio, il n'y a pas que les vins qui ont la cote : Gigio est aussi membre de l'association de restaurateurs *Buona Accoglienza*, qui perpétue la tradition locale avec des ingrédients triés sur le volet. Sur sa carte figurent d'anciennes saveurs - le *masorìni* (canard colvert) à la mode de Burano, le *bisàto* (anguille grillée)... - que l'on avait oubliées et qui devraient séduire les gourmets les plus exigeants. *Coperto* et service inclus, réservation indispensable.

Fondamenta San Felice, 3628/A (à l'angle de la calle della Stua) • Ⓥ Ca' d'Oro • ☎ 041 528 5140 • www.vinidagigio.com • Mer.-dim. 12h30-14h30 et 19h30-22h30, sam. et dim. service supplémentaire à partir de 21h30 • *Antipasti* à partir de 15 € ; plats de pâtes 14 € ; *secondi* de 22 à 24 €.

BEA VITA

Traditionnel ⑭ Plan B1

Bea Vita est une minuscule mais authentique *osteria* qui se résume à une poignée de tables à l'intérieur et à huit autres au bord du *rio*. L'adresse est surtout connue des habitués du quartier et des ouvriers qui l'apprécient pour ses prix raisonnables et ses copieuses portions. Au menu : de bons basiques qui vont droit au but - polenta, *antipasti* de poissons marinés, filet de mulet à la purée de courge, etc. - et sont servis sans chichis par la patronne.

Fondamenta delle Capuzine, 3082 • Ⓥ Guglie • ☎ 041 275 93 47 • Lun.-sam. 9h30-23h30 (f. des cuisines à 22h) • *Primo* ou *secondo* 14 €.

Antica Adelaide

ANTICA ADELAIDE

Traditionnel 95 Plan H6

Cette spacieuse *osteria* est appréciée par les Vénitiens, qui viennent grignoter des *cicchetti* au bar en fin de journée ou s'installent pour déguster une cuisine 100 % locale. Pâtes aux fruits de mer, poissons grillés, viandes, polenta... la carte change tous les jours, selon les arrivages et les saisons.

Calle larga Priuli Racheta, 3728 • Ⓥ Ca' d'Oro ou S. Marcuola • ☎ 041 523 26 29 • T.l.j. 12h30-14h30 et 19h30-22h30 • Repas de 20 à 40 €.

L'ORTO DEI MORI

Méditerranéen 96 Plan B1

Ce restaurant de qualité, au décor chaleureux (murs jaunes et rouges, œuvres d'art contemporain), célèbre la Méditerranée à travers une cuisine du marché et des produits ultra-frais. Goûtez les *pappardelle* saucisse et chicorée ou le *baccalà mantecato*... divin ! Jolie terrasse sur le *campo*.

Fondamenta dei Mori, 3386 • Ⓥ Orto • ☎ 041 524 36 77 • www.osteriaortodeimori.com • Mer.-lun. 12h30-14h30 et 19h-22h30 • De 40 à 60 € à la carte.

CA' D'ORO

Traditionnel 97 Plan H6

« Alla Vedova » (Chez la Veuve), comme l'appellent les Vénitiens, est une *osteria* animée qui ne désemplit pas. Dans un décor original du XIXe s.,

goûtez à la *baccalà* ou aux innombrables *cicchetti*. Réservez si vous voulez dîner assis.
Calle del Pistor, 3912 • Ⓥ Ca' d'Oro • ☎ 041 528 53 24 • Lun.-mer. et ven.-sam. 11h30-14h30 et 18h30-22h30, dim. 18h30-22h30 ; f. août • Repas de 30 à 40 €.

DA LUCA E FREDO
Osteria (98) Plan B2

Poussez les portes de cette drôle d'*osteria* qui ressemble à un chalet de montagne à la déco kitsch. Bonne ambiance et petits prix : ici, on se délecte volontiers de petits *cicchetti* debout. Sur les quelques tables, commandez les pâtes du jour, souvent au poisson : l'un des meilleur rapport qualité-prix de la ville, 9 € l'assiette !
Rio Terà San Leonardo, 1518 • Ⓥ Guglie • ☎ 041 716 170 • Mer-lun. 9h-21h30 • *Cicchetti* à partir de 1,50 €, pâtes 9 €, *secondi* 14 €.

AI PROMESSI SPOSI
Traditionnel (99) Plan H6

Cachée dans une ruelle minuscule, cette *osteria* est une adresse incontournable où déguster palourdes, pâtés de poisson et toutes sortes de bonnes choses, ou bien simplement pour se régaler de *cicchetti* au comptoir à l'heure de l'apéro.
Calle dell'Oca, 4367 • Ⓥ Ca' d'Oro • ☎ 041 241 27 47 • Mar. et jeu.-dim. 11h30-14h15 et 18h30-22h15, lun. et mer. 18h30-23h • *Primi* de 12 à 13 €, *secondi* de 14 à 22 €.

BACARO DEL GELATO
Glacier (100) Plan C2

Entre deux bars à vins, le long de la très animée fondamenta della Misericordia, cette boutique a pris le parti de proposer de bonnes glaces à petits prix. Peu de parfums (gage de qualité) et des classiques qui ne déçoivent pas. La maison propose aussi d'emporter sa glace dans une brioche, une tradition gourmande venue de Sicile.
Fondamenta della Misericordia 2499 • Ⓥ S. Alvise • ☎ 347 050 77 37 • T.l.j. 10h-22h • Glaces de 1,50 € à 3,40 €, brioche *con gelato* 3 €.

UPUPA
Café (101) Plan B1

Un café informel et détendu, qui doit beaucoup au cadre ambiant : la place de l'ancien quartier juif. On vous le conseille surtout pour le petit déjeuner (brioches, jus de fruits pressés, omelettes, tartes…) ou à l'apéro. Le soir, on dîne aux chandelles sur le *campo* mais les plats sont moins convaincants.
Campo del Ghetto Nuovo, 2885 • Ⓥ Guglie • ☎ 041 476 42 88 • www.upupavenezia.com • Dim.-ven. 8h15-23h, sam. 8h30-23h30 • Pizza 10 €.

DALLA MARISA
Traditionnel (102) Plan A1

Sa notoriété et sa cuisine ne l'ont pas changée, la « Marisa ». Héritière d'une famille de

Nos meilleurs restos DE POISSONS

Pâtes à l'encre de seiche, polenta de crevettes grises, hamburger de thon, morue à la plancha... À Venise, le poisson, tout autant que les pâtes, est roi ! Voici une sélection de nos meilleures adresses.

ACQUA PAZZA

Un incontournable si vous aimez les poissons et fruits de mer. Plats traditionnels de la côte amalfitaine servis sur une belle terrasse en saison. Voir p. 113.

AI DO FARAI

Cette *osteria* vous concocte des plats de poisson succulents, comme la polenta aux crevettes grises ou le carpaccio de loup de mer. Voir p. 120.

DA ROMANO

Un restaurant célèbre installé à Burano. Vous y trouverez un choix incomparable de poissons, cuisinés de toutes sortes de manières. Voir p. 141.

BOCCADORO

Des poissons et fruits de mer exceptionnellement frais. À tester, les *antipasti* de poisson cru accompagnés d'un petit vin sarde. Voir p. 133.

DA FIORE

Ce restaurant est une institution à Venise pour les amateurs de poissons. Un menu abordable le midi. Voir p. 127.

Boccadoro

bouchers, elle poursuit la tradition : d'énormes assiettes italiennes (surtout des pâtes) à base de canard, de poisson, de bœuf, de gibier et de légumes.
Fondamenta di San Giobbe, 652/B • Ⓥ Tre Archi • ☎ 041 72 02 11 • T.l.j. 12h-14h et 19h30-21h sf. lun., mer. et dim. soir ; f. août • Menu déjeuner à 15 €, menu dîner autour de 37 € • Résa recommandée.

AI TRE ARCHI

Pizzeria (103) **Plan A2**

Des *pizze* classiques mais honnêtes (pizza margherita à 6 €), à manger en terrasse sur cette *fondamenta* en dehors des circuits balisés. Baptisé « Aux Trois Arcs », du nom du pont voisin, unique en son genre à Venise, Ai Tre Archi est un merveilleux poste d'où l'on peut observer, une bière à la main, les minuscules détails de la vie. N'est-ce pas comme ça que les voyages commencent ?

Fondamenta di San Giobbe, 552 • Ⓥ Guglie • ☎ 041 71 64 38 • www.aitrearchivenezia.it • T.l.j. 12h-15h et 18h-22h • Pizzas à partir de 6 €, env. 40 € à la carte.

AI OSTI

Traditionnel (104) Plan H6

Un *bacaro* de quartier authentique où les Vénitiens se retrouvent après le travail pour le traditionnel verre de vin (1 € l'*ombra*) et une *polpetta* moelleuse à la viande. Vous pouvez goûter également un *baccalà mantecato* (morue, 8 €), quelques fruits de mer, des *arancini* (boulettes de riz farcies) et autres bouchées aux légumes.

Corte dei Pali già dei Testori, 3849 • Ⓥ Ca' d'Oro • Lun.-sam. 9h-20h • De 15 à 30 €.

MAJER

Sur le pouce (105) Plan B2

Cette chaîne joue la carte de la gastronomie locale. Pâtisseries, cappuccinos, salades et sandwichs sont vendus au comptoir, à déguster sur place ou à emporter. Sur des étagères, des pâtes et des biscuits sont en vente. Vous trouverez d'autres Majer disséminés dans plusieurs quartiers de Venise ; certains disposent d'une salle de dégustation de vin.

Calle del Ghetto Vecchio, 1227 • Ⓥ Guglie • ☎ 041 524 57 62 • www.majer.it • T.l.j. 7h-21h • Cappuccino 1,50 € ; brioche 1,20 € (au comptoir).

VOIR AUSSI :

We Crociferi | p. 91 | (106) Plan C2

Les îles de la Giudecca et San Giorgio Maggiore (Quartier 15 - p. 94)

I FIGLI DELLE STELLE

Brasserie (107) Plan C5

Par beau temps, le cadre de ce restaurant est absolument enchanteur : la douzaine de tables a pour panorama le canal de la Giudecca, le campanile et le palais des Doges, avec en bande-son le clapotis des vagues. Un conseil : si vous voulez y dîner, prenez la peine de réserver et venez en début de service (19h) pour bien profiter du soleil couchant.
Le menu change tous les jours, et, en règle générale, le chef s'en sort plutôt bien : pâtes à l'encre de seiche aux graines de sésame et estragon frais, purée de fèves, sorbet à la poire sur lit de fenouil confit aromatisé à la cardamome...

Fondamenta della Croce, 70-71 (Giudecca) • Ⓥ Zitelle • ☎ 041 523 00 04 • www.ifiglidellestelle.it • T.l.j. 12h-14h30 et 19h-22h30 (f. mar. en hiver) • Pâtes 14 €.

BAR SAN GIORGIO

Sur le pouce (108) Plan D4

Durant la Biennale, le traiteur Rosa Salva se transporte sur l'île de San Giorgio pour rassasier les promeneurs d'un panini, d'un plat chaud et autres snacks. Vous les trouverez sur le quai, juste après la « Salle des Bénédictins ». Belle vue depuis la terrasse.

Isola di San Giorgio Maggiore • Ⓥ San Giorgio • ☎ 393 95 99 220 • www.rosasalva.it • Avr.-oct. t.l.j. 10h-18h30 • *Tramezzino* 2,50 €.

VOIR AUSSI :

Panificio Crosara | p. 95
| (109) Plan B5

L'île de Murano (Quartier 16 – p. 98)

VALMARANA

Poissons (110) Carte p. 98

La meilleure trattoria de Murano, dotée d'un jardin où déguster, en été, sa spécialité : le *rombo* (turbot), en direct du marché.

Fondamenta Navagero, 31 • ☎ 041 73 93 13 • T.l.j. 12h-16h ; en été ven.-dim. 20h-23h • Repas autour de 50 €.

Ai Piantaleoni

AI PIANTALEONI

Poissons (111) Carte p. 98

C'est l'une des bonnes surprises de Murano. On y sert, entre autres, des *tagliolini* noirs au homard et au safran, et un tartare de thon en petites portions bien présentées. À noter : la jolie terrasse en bois, qui donne sur le canal intérieur de l'île (Canal Grande), est souvent privatisée.

Riva Lunga, 25 • Ⓥ Murano Da Mula • ☎ 041 736 794 • T.l.j. 10h-18h, parfois ouv. aussi le soir • Autour de 30-40 €.

VOIR AUSSI :

Ai Frati | p. 99
| Carte p. 98

Les îles de Burano, Mazzorbo et Torcello (Quartier 17 - p. 104)

AL PONTE DEL DIAVOLO

Poissons (112) Carte p. 104

Vous ne pouvez pas la rater : cette auberge romantico-chic avec jardin fleuri et tonnelle borde le seul quai de Torcello. On l'aime pour son cadre relaxant et son service soigné. Ici, la petite daurade *(oratina)* de la lagune s'accompagne de brugnon, céleri-rave et pomme verte (16 €), et la traditionnelle anguille grillée, de polenta (28 €). Pour le déjeuner du dimanche, n'oubliez pas de réserver !

Fondamenta dei Borgognoni, 10-11 • Ⓥ Torcello • ☎ 041 730 401 • www.osteriaalpontedeldiavolo.com • Mar.-dim. 12h-16h ; f. en hiver • *Primi* de 16 à 18 € ; *secondi* de 20 à 28 €.

LA LOCANDA CIPRIANI

Traditionnel (113) Carte p. 104

L'autre belle adresse de la lagune avec, côté spécialités : pâtes farcies à la viande, risottos, poissons et fruits de mer. La terrasse borde un jardin absolument charmant.

Piazza Santa Fosca, 29 • Ⓥ Torcello • ☎ 041 73 01 50 • www.locandacipriani.com • Mer.-lun. 12h-15h, plus ven.-sam. 19h-21h ; f. janv.

DA ROMANO

Poissons (114) Carte p. 104

L'un des célèbres restaurants de la lagune. Vous y trouverez un incomparable choix de poissons (anguille, saint-pierre, queue de lotte, sole, sardine) - tous cuisinés de mille et une manières (grillés, pochés, etc.) et avec un savoir-faire sans égal -, des soupes, du risotto et des fritures. Réservation impérative en été et le week-end.

Via San Martino Destro, 221 • Ⓥ Burano • ☎ 041 73 00 30 • www.daromano.it • T.l.j. 12h-15h30 et lun., mer.-sam. 18h30-20h30 (en été) ; f. janv. • À partir de 35 €.

TRATTORIA ALLA MADDALENA

Poissons (115) Carte p. 104

Oasis de paix sur l'île de Mazzorbo, à quelques minutes de la foule de Burano, ce restaurant sert des plats simples inspirés de la cuisine des familles de l'île. Dans le petit jardin ombragé, on peut manger face à la lagune et observer le passage des *vaporetti* avant de repartir explorer les ruelles colorées de l'île. Pour un bon aperçu des spécialités, testez l'*antipasto Alla Maddalena*, généreux et très frais (18 €).

Via Mazzorbo, 7/B • Ⓥ Mazzorbo • ☎ 041 730 15 10 • www.trattoriamaddalena.com Ven.-mer. 12h-15h et 19h-20h30 (résa conseillée) • Plats de pâtes de 12 à 14 €.

VOIR AUSSI :

Da Forner | p. 106 | Carte p. 104

Vin, spritz et grappa

Les plaisirs de la table ne vont jamais sans un bon vin ! Et la Vénétie a de quoi séduire : la région produit treize DOC (*Denominazione di origine controllata* ou vins d'appellation d'origine contrôlée) et une quantité incalculable de vins de pays (IT ou *Indicazione tipica*) et de vins de table. Appréciez également les grappas, ces eaux-de-vie élaborées à partir des meilleurs vins de la région, les liqueurs et le spritz, la boisson la plus populaire des bars de Venise. *Salute !*

UNE GRANDE RÉGION VITICOLE

Les vins vénètes représentent 20 % de l'ensemble de la production italienne, plaçant la Vénétie parmi les premières régions viticoles, avec le Piémont et la Toscane.

LES VINS DE LA RÉGION DE VÉRONE

Ce sont les « grands crus » de Vénétie, ceux qui sont massivement exportés vers l'étranger et que les œnophiles français connaissent. Ils proviennent des rives du lac de Garde, au nord-ouest de Vérone.

Le **Bardolino** (localité du sud-est du lac de Garde) prend l'appellation de *chiaretto* (rosé) ou de *classico* (rouge). Frais, il accompagne viandes et fromages à merveille. Le **Soave classico** est un vin blanc agréable au palais, assez charpenté, qui se marie bien avec les viandes blanches et les poissons bouillis. Le **Valpolicella** est un rouge corsé. Il peut être bu frais ou à température ambiante. Il existe sous deux formes : Valpolicella classico ou, mieux, Valpolicella superiore.

Un spritz à l'apéro

Vous n'y couperez pas ! Le nom n'est pas vraiment italien, car ce sont les Autrichiens qui ont inventé le cocktail lorsqu'ils occupaient la région, au début du XIXe s. L'histoire dit que les soldats, supportant mal le titrage des vins blancs locaux, ont décidé d'allonger le breuvage avec de l'eau gazeuse (spritz*en* signifie « arroser » en autrichien). De quoi le spritz est-il fait ? De vin blanc, d'eau de Seltz, de Campari ou d'Apérol, plus doux (ou de Select), et d'une olive verte ou d'une rondelle d'orange. Le tout est un peu traître... mais n'oubliez pas qu'à Venise on ne conduit pas !

La région produit trois autres appellations contrôlées à découvrir : le **Bianco du Custoza,** un vin blanc qui se boit frais à table ou à l'apéritif ; le **Gambellara,** un vin sec (blanc ou rouge) et léger en bouche ; le **Val d'Adige** (rouge, rosé ou blanc), produit sur les rives de l'Adige.

LES VINS DE LA RÉGION DE TRÉVISE

Le meilleur est le **Prosecco,** vin *spumante* (brut, sec ou demi-sec) que produisent les vignes des collines de Conegliano ou de Valdobbiadene, au nord de Trévise. Les Vénitiens le boivent à l'apéritif, et les amateurs ne jurent que par celui de Cartizze, le plus riche en saveur. À noter que le Prosecco existe aussi sous forme de vin blanc classique et de vin *frizzante*.
D'autres appellations possèdent le label DOC : le **Colli di Conegliano** (vin blanc ou rouge agréable au palais et bien charpenté) ; le **Montello e Colli Asolani** (blanc, rouge ou *spumante* avec un léger goût d'amande) ; enfin le **Piave** (blanc ou rouge, c'est le moins goûteux).

LEXIQUE DES VINS

Passito : vin doux naturel ; ***Amabile*** : demi-sec ; ***Secco*** : sec ; ***Bianco*** : blanc ; ***Rosato*** : rosé ; ***Rosso*** : rouge ; ***Spumante*** : mousseux ; ***Frizzante*** : légèrement pétillant ; ***Classico*** : qualité standard ; ***Superiore*** : qualité supérieure.

LA GRAPPA

L'eau-de-vie de marc ou **grappa** (environ 40°) est produite dans toute l'Italie du Nord. Une goutte dans un café (demandez un *corretto*) vous donnera un petit coup de fouet ! En Vénétie, la meilleure grappa est obtenue à partir de Prosecco ou de Valpolicella. La plus fameuse est la Nardini.

APÉRITIFS ET DIGESTIFS

Le **spritz** est l'apéritif vénitien typique (voir encadré). Goûtez aussi au fameux Campari, au Cynar (très amer, à base d'artichaut) ou au Crodino (sans alcool). Les grandes liqueurs se nomment **Amaretto** (au goût d'amande, titrant 24 à 28°, elle est fabriquée à partir de noyaux d'abricots) et **Amari** (liqueur amère titrant environ 45°, élaborée à partir d'écorces et de racines diverses).

La gastronomie vénitienne

Divine, ludique, créative, la palette des saveurs vénitiennes est large et toujours généreuse ! L'Orient lui a apporté ses épices, la région a fait le reste. Vous dégusterez, entre deux *cicchetti* gourmands, des pâtes, des poissons et, bien sûr, la fameuse polenta !

SAINE ET MÉTISSÉE

Les écrivains, Goldoni et Casanova en tête, ont évoqué la cuisine vénitienne, faisant allusion à son côté oriental, à ses saveurs épicées et aigres-douces (*all'agro*). L'huile d'olive, l'oignon, le riz, les amandes, les pignons de pin ou les fruits secs, et les produits maraîchers (petits pois, haricots, asperges, artichauts, courgettes, etc.) la rendent particulièrement saine.

LA DÉLICIEUSE POLENTA

Cette galette de farine de maïs passée au gril, de couleur jaune, et plus rarement blanche, est l'accompagnement roi de nombreux plats vénitiens (la brandade de morue en particulier - *baccalà mantecato*).

LES SPÉCIALITÉS VÉNITIENNES

Entrées

Zuppa di pesce : soupe de poissons parfumée au safran.
Fiori di zucchini : beignets de fleurs de courgettes, fourrés de pâté d'anchois.
Risi e bisi : plat à base de riz et de petits pois (parfois avec du lard parfumé).
Risotto alle seppie : riz à l'encre de seiche.

L'art des *cicchetti*

Ils sont comparables aux tapas espagnoles, et c'est une institution dans les *bacari* ou *enoteche* ! Tous les Vénitiens grignotent ces ***cicchetti*** (prononcez « tchikéti ») debout, avec en main une ***ombra*** (un verre de vin de la maison, blanc généralement, vendu à petit prix) ou un **spritz**. Boulettes de viande, de thon, de poulpe, de morue, de sardines, d'artichauts, d'asperges, d'aubergines grillées... sont servies sur un ***crostino*** (pain grillé), dans un ***tramezzino*** (sandwich au pain de mie) ou sur une petite assiette. C'est convivial, toujours frais et idéal pour les petits budgets.

Pâtes

Pappardelle col radicchio : larges pâtes à la chicorée rouge de Trévise grillée à l'huile avec oignons et ail.
Bigoli in salsa : sortes de gros spaghettis à la farine complète cuisinés avec une sauce aux oignons et aux anchois.
Spaghetti ai carciofi : spaghettis aux artichauts.

Viandes et poissons

Fegato alla veneziana : foie de veau sur un lit d'oignons.
Fritto misto : friture de divers poissons.
Anguilla in umido : anguille à la sauce tomate, au vin blanc et à l'ail.
Baccalà mantecato : brandade de morue parfois relevée de persil et d'olives.
Seppie in tecia : seiches au vin blanc, à la tomate et au basilic.

Légumes

Fagioli in saor : gros haricots marinés.
Melanzane in saor : aubergines marinées.
In saor : cette marinade, à base de vinaigre de vin blanc, d'oignons, de pignons et de raisins secs, accompagne les légumes et les poissons (les fameuses *sarde* ou sardines *in saor*).

Les petites douceurs

Amaretti : petits gâteaux moelleux au sucre et aux amandes à déguster avec le café.
Baute : chocolats colorés que l'on trouve un peu partout dans la ville.
Croccantini : nougats que l'on déguste avec un vin doux dans les bistrots.
Essi buranelli : biscuits secs aux œufs, en forme de S (en forme d'anneau, ils prennent le nom de *bussolai buranelli*).
Fritelle : beignets chauds aux raisins de Corinthe servis pendant le Carnaval, parfois farcis de crème, de *zabaione* ou de chocolat.
Galani : petits gâteaux frits et saupoudrés de sucre ; typiques du Carnaval, ils sont parfois aussi appelés *crostoli*.
Zaeti : petits pains de farine de maïs saupoudrés de sucre glace.

Bars, clubs & sorties

PAR QUARTIER

Les coups de cœur DE NOTRE AUTEUR 2018

Comme les Vénitiens, notre auteur a ses cafés, *bacari* et bars favoris pour chaque heure de la journée. De celle du *ristretto* à celle du spritz, elle les a toutes notées ici !

Skyline Bar

AL TIMON

Sur la *fondamenta* la plus animée de Cannaregio, on prend l'*aperitivo* sur une barque amarrée au quai. Voir p. 164.

TAVERNA LA FENICE

Pour s'affaler en terrasse dans un fauteuil bien moelleux. Voir p. 149.

VENICE JAZZ CLUB

Entre swing et bossa-nova, un chouette club. Voir p. 155.

SKYLINE BAR

Assis sur un de ses tabourets, on a une vue sublime sur la lagune. Voir p. 165.

TAVERNA AL REMER

Au clair de lune, le bistrot le plus sympa du Rialto. Voir p. 162.

SKILLÀ BAR

L'ambiance est à la fête et c'est le top de l'apéro sur le campo Santa Margherita. Voir p. 155.

À SAVOIR

US ET COUTUMES DES VÉNITIENS

À Venise, on sort tôt ! À partir de 17h-18h les bars s'animent, c'est l'heure idéale pour prendre un verre ou quelques *cicchetti*. Vers 19h-20h, c'est la *passeggiata*, une balade digestive qu'aiment s'offrir les Vénitiens. L'affluence culmine en fin de semaine sur le Grand Canal, où canots Riva, barques et bateaux se retrouvent ! Enfin, chaque *campo* a ses fidèles : San Luca, le Rialto et les alentours de la Basilica dei Frari sont les préférés des plus jeunes et des trentenaires ; le plus vivant est le campo Santa Margherita, prisé des étudiants et des intellos ; le campo Santo Stefano, lui, est plus sélect...

SE DÉPLACER LA NUIT

Le Grand Canal est féerique la nuit. Le *vaporetto* n° 1 l'emprunte toutes les 10 min jusqu'à minuit, heure à partir de laquelle la ligne N (pour « Nocturne ») relie la gare, la place Saint-Marc et le Lido. Mais sachez que marcher dans Venise la nuit est non seulement un enchantement, mais aussi très sûr (voir p. 154).

DEMANDEZ LE PROGRAMME !

Le mensuel gratuit *Un Ospite di Venezia* (www.unospitedivenezia.it) est disponible partout. En italien et en anglais, il vous informera sur les expositions, les concerts et les différents modes de transport. Et les programmes de cinéma et de théâtre sont dans les quotidiens *Il Gazzettino* et *La Nuova di Venezia*. Pensez aussi à consulter les sites Internet de ces journaux.

BUDGET

Comptez entre 15 et 35 € pour les concerts et les opéras. Pour assister à un opéra à La Fenice, il vous en coûtera 50-80 €. Les concerts dans les églises sont souvent peu chers et même parfois gratuits, notamment les concerts d'orgue (lun.-ven. et dim. 15h30), à la Basilica Santa Maria della Salute (www.basilicasalutevenezia.it).

SE REPÉRER

Chaque adresse de lieu de sortie est associée à une pastille violette numérotée. Vous retrouverez toutes les adresses positionnées sur le plan détachable.

Bars, clubs & sorties
PAR QUARTIER

Du Museo Correr à La Fenice (Quartier 2 - p. 34)

IL CARAVELLINO
Bar ① Plan H8

Le bar de l'hôtel Saturnia a fait les beaux jours des noctambules dans les années 1950 sous le nom de Ciro's Piano Bar. C'était un tout petit club aux murs lambrissés que Simone de Beauvoir et Jean-Paul Sartre, entre autres, fréquentaient assidûment. Et voilà qu'il a rouvert ses portes en 2014 avec quelques tables seulement mais une bande-son tantôt jazzy tantôt disco et deux barmen plutôt doués, Fabrizio et Olga, qui préparent toutes sortes de cocktails derrière un comptoir en marbre et laiton.

Hotel Saturnia, Calle larga XXII Marzo, 2398 • Ⓥ Giglio • ☎ 041 520 83 77 • www.hotelsaturnia.it • T.l.j. 8h30-minuit • Cocktails de 7 à 18 €.

HARRY'S BAR
Bar ② Plan I8

Le Harry's Bar n'est pas qu'un mythe, il s'impose encore naturellement et la clientèle lui reste fidèle. S'asseoir à la table de Hemingway ou de Peggy Guggenheim a un prix, mais ceux que la note du restaurant effraierait peuvent se consoler avec un cocktail. Un must : le *bellini* (jus de pêche et Prosecco, 21 €) à déguster accompagné de *pierini*, des mini-croque-monsieur (7 €).

Calle Vallaresso, 1323 • Ⓥ S. Marco • ☎ 041 528 57 77 • www.harrysbarvenezia.com • T.l.j. 10h30-23h.

TAVERNA LA FENICE
Bar ③ Plan H8

C'est un restaurant bien connu des mélomanes - il est situé derrière le théâtre La Fenice - qui a la bonne idée, dès les beaux jours, de coloniser la petite place juste en face pour y aligner de gros fauteuils en cuir bien moelleux. Résultat : ce bar en plein air, improvisé mais très convivial, ne désemplit pas ! En leurs temps, Pavarotti, Deneuve, Belmondo ou Mastroianni l'ont pris d'assaut après le spectacle : alors, n'hésitez pas, pour 10 €, vous aurez droit à un Zombie (rhum, ananas, noix de coco, citron vert, marasquin et grenadine), servi avec le sourire.

Campiello Marinoni o della Fenice, 1939 • Ⓥ Rialto ou Vallaresso • ☎ 041 522 38 56 • T. l j. jusqu'à 0h30 • Verre de Prosecco 6 €.

TIEPOLO
Bar ④ Plan H8

Il y a quelques années, Giorgio Fadda - le chef barman - a inventé un cocktail en hommage à Stanley Kubrick : Orange mécanique (*Arancia Meccanica*), qui mixe jus d'orange, vodka citron, liqueur de mandarine, marmelade d'orange amère, *radicchio* de Chioggia et quelques gouttes de vinaigre balsamique. Ça vaut le détour et ça ne peut se siroter que dans l'élégant lounge, bas de plafond et très tamisé, de l'hôtel où Marcel Proust a traîné ses guêtres en octobre 1900. Un cadre relaxant, décoré de vues de Venise du XVIIIe s. et doublé d'une véranda donnant sur le Grand Canal.

Westin Europa & Regina, Corte Barozzi, 2159 • Ⓥ Vallaresso • ☎ 041 240 00 01 • T.l.j. jusqu'à 1h • Cocktails à partir de 12 €.

LONGHI
Bar ⑤ Plan H8

Si vous aimez le « vieux style », courez au Gritti ! Ce palace a un bar de rêve au décor raffiné, tapissé de miroirs, d'appliques en cristal de Murano et de stucs dessinant au plafond de délicates arabesques roses et vert pâle. Selon le romancier anglais Somerset Maugham, « il y a peu de choses plus agréables à faire dans la vie que de s'y asseoir lorsque le soleil se couche ». Lui-même y revenait chaque année, toujours au même guéridon, devant une bouteille de Soave dans un seau à glace. Mais rassurez-vous : même si vous ne prenez qu'une simple camomille, vous serez servi avec la même attention, en complet blanc et nœud pap'.

Gritti Palace, Campo Santa Maria del Giglio, 2467 • Ⓥ Giglio • ☎ 041 79 46 11 • T.l.j. jusqu'à 1h • Thé oriental 16 €.

TEATRO LA FENICE
Théâtre ⑥ Plan H8

Reconstruit à l'identique et inauguré fin 2003 (voir p. 38), ce théâtre de 1 126 places évoque encore le film de Visconti *Senso* (1954), dont certaines scènes furent tournées là. C'est en partie grâce à ce dernier que La Fenice a pu être reconstruite dans ses couleurs d'origine. Les amateurs d'art lyrique réserveront impérativement une soirée à la mythique Fenice, où les plus grands chanteurs du monde se sont produits.

Campo San Fantin, 1965 • Ⓥ Giglio • ☎ 041 78 65 11 (théâtre) ou 041 78 66 72 (visites guidées) • www.teatrolafenice.it • T.l.j. 9h30-18h • Billetterie sur place • Visite : 10 € avec audioguide.

TARNOWSKA'S
Bar ⑦ Plan H8

Dans un registre moins « rococo » que le Longhi, il y a, tout près du campo Santa Maria del Giglio, un bar américain avec fauteuils clubs, sol en marbre et tables rouges. L'ambiance est feutrée, la clientèle cosmopolite : on s'y arrête pour un *last shot*, un Talisker 10 ans d'âge (10 €) ou un

Longhi

Mojito Tarnowska à base de rhum ambré, jus de lime et menthe.
Ponte Duodo o Barbarigo, 2497 • Ⓥ Giglio • ☎ 041 520 83 33 • T.l.j. 17h-minuit (f. lun. de mi-juil. à mi-août) • Cocktail 12 €.

Du Museo Fortuny au campo San Luca (Quartier 4 – p. 46)

TEATRO CARLO GOLDONI

Théâtre ⑧ Plan H7

Sans doute le plus intéressant théâtre de la ville. Vous y verrez peut-être des pièces de Carlo Goldoni, mais aussi du répertoire contemporain, voire des comédies musicales. Saison de novembre à juin.
Calle del Teatro o de la Commedia, 4650/B • Ⓥ Rialto • ☎ 041 240 20 11 (théâtre) • www.teatrostabileveneto.it • Lun.-ven. 9h-13h et 15h-17h • Résa au ☎ 041 240 20 14 (lun.-ven. 10h-18h30, sam. 10h-19h).

Nos sélection de BARS DE NUIT

Siroter un cocktail dans un cadre épuré, un spritz dans un décor raffiné ou une bière sur une terrasse bondée. Voici une palette de lieux éclectiques... et vivants.

DA ALDO

Ici, vous trouverez des bières à n'en plus finir... en provenance du monde entier ! Voir p. 163.

OSTERIA DA FILO

Concerts, ambiance jeune, déco vintage : l'un des bars les plus cools de Venise pour un *aperitivo* qui joue les prolongations. Voir p. 160.

CHET BAR

Ambiance jeune et festive dans ce bar où les barmen rivalisent de créativité pour servir des cocktails inventifs. Voir p. 156.

LONGHI

Un décor exceptionnel pour ce bar installé dans un palace : miroirs, appliques en cristal, stucs au plafond... Pour une pause avec style. Voir p. 150.

Chet Bar

Les Mercerie (Quartier 5 - p. 48)

DEVIL'S FOREST

Pub ⑨ Plan I7

À deux pas du Rialto, un pub sympathique et animé qui offre un bon choix de bières à la pression et de sandwichs pour un petit creux de fin de soirée. Vous trouverez votre chemin en prenant la ruelle à droite du Disney Store.

Calle degli Stagneri, 5185
Ⓥ Rialto • ☎ 041 520 06 23
• www.devilsforestpub.com • T.l.j. 11h-1h.

LE BISTROT DE VENISE

Taverne ⑩ Plan I7

N'hésitez surtout pas à vous rendre dans ce bistrot où vous

pourrez dîner tard. Le Bistrot de Venise est aussi devenu un lieu de rencontre des artistes vénitiens ! Vous pourrez donc assister, par exemple, à des lectures de poésie. La cuisine est traditionnelle, et la carte des vins, excellente.

Calle dei Fabbri, 4685 • Ⓥ Vallaresso ou Rialto • ☎ 041 523 66 51 • www.bistrotdevenise.com • T.l.j. 11h-minuit, restaurant : t.l.j. 12h-15h et 19h-minuit • Dîner autour de 65 €.

OSTERIA ALL' ALBA

Osteria ⑪ Plan I7

Les murs de ce local minuscule, dans une ruelle au pied du Rialto, portent les inscriptions des visiteurs du monde entier qui viennent y boire un verre, un *tramezzino* à la main. Pas de tables, juste un petit comptoir derrière lequel sont préparés les traditionnels cocktails italiens comme le *negroni*, le *bellini* ou plus simplement le spritz.

Ramo del Fontego dei Tedeschi, 5378 Ⓥ Rialto • T.l.j. 16h-minuit • Cocktail 7€.

BACCARANDO IN CORTE DELL'ORSO

Bar ⑫ Plan I7

C'est en passant sous une arche étroite que l'on arrive dans ce bar vénitien, plutôt vaste, où sont régulièrement organisés des concerts. On s'y retrouve en grandes tablées ou autour d'un tonneau pour trinquer au Prosecco ou au spritz. Et si vous êtes affamé, direction le comptoir des *cicchetti* ou l'étage, qui propose une formule restauration.

Corte del'Orso, 5495 • Ⓥ Rialto • ☎ 041 523 82 80 • www.bacarando.com • T.l.j. 10h30-minuit • Spritz 2,50 €.

Autour des Gallerie dell'Accademia (Quartier 6 - p. 52)

GIÀ SCHIAVI

Bar à vins ⑬ Plan B4

Pas toujours simple d'accéder au comptoir et aux *cicchetti* ! C'est en général ce qui fait le charme des *bacari* aux heures de pointe, et Già Schiavi n'échappe pas à la règle. Le soir, la clientèle déborde sur l'étroite fondamenta Nani dans un chaleureux brouhaha. Vous pourrez aussi y passer simplement pour acheter une bonne bouteille de vin.

Fondamenta Nani, 992 • Ⓥ Zattere • ☎ 041 523 00 34 • www.cantinaschiavi.com • Lun.-sam. 8h-20h30 • *Cicchetto* 1,20 €, verres de vin à partir de 1 €.

AL SQUERO

Bar ⑭ Plan B4

Siroter un verre, grignoter un *cicchetto* tout en admirant le chantier naval où sont réparées les gondoles, ça vous dit ? Ajoutez la belle lumière du soleil couchant pour le romantisme et ce bar, nommé d'après le Squero San Trovaso qui lui fait face, devient la meilleure adresse du quartier.

Fondamenta Nani, 943 • Ⓥ Zattere • ☎ 335 600 75 13 • www.osteriaalsquero.wordpress.com • Jeu-mar. 11h-21h30 • *Cicchetto* 1 €.

La pointe du Dorsoduro (Quartier 7 - p. 56)

ANTINOO'S

Bar ⑮ Plan C4

Depuis que le Palazzo Genovese s'est métamorphosé en hôtel 5 étoiles, sa loggia est devenue le spot idéal pour prendre un dernier *bellini* (15 €) face au Grand Canal. Bien sûr, comme ça commence à se savoir, il est difficile, certains soirs, de dénicher une table au ras de l'eau. Si vous voulez être sûr de garder les pieds au sec, optez pour le bar. On peut aussi y picorer un tiramisu ou une salade de fruits, mais attention : l'addition se hausse un peu du col !

Centurion Palace, Campo San Gregorio, 173 • Ⓥ Salute • ☎ 041 34 281 • www.sinahotels.com • T.l.j. jusqu'à 1h • Verre de Prosecco : 12 €.

Du côté de la Ca' Rezzonico (Quartier 8 - p. 60)

TEATRO A L'AVOGARIA

Théâtre ⑯ Plan A4

Ce théâtre monte souvent des pièces en langue vénitienne. Si vous maîtrisez bien l'italien, vous reconnaîtrez l'accent typique de la Sérénissime, avec ce léger zézaiement, ce mépris des doubles consonnes et cette tendance à escamoter les voyelles finales.

Le charme fou des *calle*

La nuit, Venise prend un visage réellement fantastique. Dans certains quartiers, vous pouvez marcher des heures sans rencontrer âme qui vive hormis des chats. La promenade dans le **nord de Cannaregio,** de la Chiesa de la Madonna dell'Orto au Ghetto, laisse un beau souvenir ; tout comme l'errance dans les petites *calle* du **quartier de Castello,** de San Zaccaria à l'Arsenale ; ou encore dans le **quartier de San Polo,** de la Chiesa dei Frari au campo San Pantalon, à travers les ruelles obscures. Vous retrouverez de l'animation sur le campo Santa Margherita, où les bars restent ouverts tard.

Corte Zappa, 1617, près de la calle dell'Avogaria • Ⓥ S. Basilio
• ☎ 041 099 19 67
• www.teatro-avogaria.it

CAFÉ NOIR

Bar ⑰ Plan B3

Toute la jeunesse noctambule de Venise aime s'encanailler dans ce bar au décor épuré et à la musique rock. On sirote un spritz (2,50 €) ou un verre de Prosecco en début de soirée, un cocktail (de 6 à 7 €) quand la nuit avance, le tout éventuellement accompagné, de *pizzette* ou de paninis (de 3 à 5 €).

Calle San Pantalon, 3805 • Ⓥ S. Tomà
• T.l.j. 11h-2h.

VENICE JAZZ CLUB

Jazz club ⑱ Plan B4

Pour les amateurs de jazz, c'est ici et nulle part ailleurs que ça se passe ! Bossa-nova et jazz latino, airs cultes du label Blue Note Records ou jazz plus expérimental, des formations de qualité venues de Venise et de toute sa région revisitent les grands standards du genre et apportent une touche de modernité bienvenue. Clientèle cosmopolite, cadre chaleureux, ambiance ad hoc.

Fondamenta del Squero, 3102, près du Ponte dei Pugni
• Ⓥ Ca' Rezzonico • ☎ 041 523 20 56
• www.venicejazzclub.com
• Bar : t.l.j. 19h-23h
• Concerts : lun.-mer. et ven.-sam. 21h-23h ; f. jeu., dim. et en août
• Concert, table et conso 20 €.

Café Noir

ORANGE

Bar ⑲ Plan B4

C'est le plus connu de tous les bars du *campo*, et sa formule spritz et pop-corn à 3,50 € a énormément de succès. C'est aussi le plus spacieux : en plus des tables alignées sur le *campo* et du bar orange (cela va de soi), il dispose d'une terrasse à l'étage, réservée aux dîners ou aux soirées à thème, et d'un jardin intérieur où l'on vient en bande fêter son diplôme ou enterrer sa vie de garçon... Bref, l'Orange, aux heures de pointe, c'est un peu l'usine !

Campo Santa Margherita, 3054
• Ⓥ Ca' Rezzonico • ☎ 041 523 47 40
• T.l.j. jusqu'à 2h • Cocktail sans alcool 5 €.

SKILLÀ BAR

Bar ⑳ Plan B3

Vous avez déjà testé l'Orange ? Le Chet Bar est bondé ? Essayez le Skillà ! Essentiellement fréquenté, lui aussi, par les étudiants de la fac (la Ca' Foscari est à deux pas), il n'a que quelques places à l'intérieur. De sorte qu'ici on boit surtout debout ou assis à même le pavé. Ils ont une bande-son plutôt bonne et, ce qui ne gâte rien, un petit assortiment de paninis et de donuts. Le Skillà organise aussi des fêtes, au moment du Carnaval, l'été ou à la rentrée (traquez les flyers « *aperilemon* ») avec réductions pour les étudiants Erasmus.

Campo Santa Margherita, 2996 • Ⓥ Ca' Rezzonico • ☎ 349 457 67 39 • Mer.-lun. 8h-minuit • Spritz 3 €.

CHET BAR
Bar — ㉑ Plan B3

Envie de sortir des sentiers battus ? Essayez ce bar d'étudiants à l'orée du campo Santa Margherita : il est moins grand que l'Orange, mais ses trois barmen - Alessandro, Mattia et Nicolò - débordent d'enthousiasme et de créativité. Du *Basilico* (Hendrick's gin, basilic et rose) au *Old Fashioned,* un mélange toujours différent, ils proposent une palanquée de cocktails inventifs et ils organisent, entre autres, des *Mojito parties* durant l'été. Excellente ambiance, surtout à l'heure de l'apéro, où l'on se presse pour *stuzzicare* - grignoter d'alléchants amuse-gueules - avec un verre de spritz.

Chet Bar

Calle della Chiesa, 3684 • Ⓥ Ca' Rezzonico • ☎ 320 703 95 33 • www.chetbar.it • T.l.j. 17h-2h • Cocktail du mois 6 €.

IMAGINA
Bar — ㉒ Plan B4

On y boit, on y mange, on y parle. L'un des rares lieux fréquentés par les artistes et les fashions. Expositions d'artistes sur les murs. Petite terrasse agréable en été.

Rio terrà Canal, 3126 • Ⓥ Ca' Rezzonico • ☎ 041 241 06 25 • www.imaginacafe.it • Lun.-jeu. 7h-21h, ven.-sam. 7h-1h, dim. 8h-21h • Cocktails de 6 à 7 €, verres de vin de 2,50 à 4,50 €.

OSTERIA ALLA BIFORA
Osteria — ㉓ Plan A4

Cette grande taverne, avec ses tables en bois massif, ses vieilles gamelles en cuivre et sa rutilante

Le meilleur DES BARS MUSICAUX

Concerts de jazz, piano-bars, sets de DJ, dancefloors où se trémousser... À chaque lieu ses envies.

Venice Jazz Club

CAFÉ NOIR

Musique rock et déco épurée dans ce bar prisé par la jeunesse vénitienne. Voir p. 155

VENICE JAZZ CLUB

Des groupes de jazz de Vénétie revisitent les grands standards du genre dans une ambiance chaleureuse. Voir p. 155.

ORIENTAL BAR

Les vendredis soir, le paisible jardin du Metropole Hotel se réveille pour accueillir des DJs tendance. Voir p. 161.

LAGUNA LIBRE

Les notes de jazz ou de world music résonnent plusieurs fois par semaine dans ce vaste bar-resto culturel. Voir p. 164

machine rouge à couper la charcuterie sur le comptoir, joue la carte de la simplicité. Un alléchant plateau de fromages et charcuteries (22 €) accompagne parfaitement l'apéritif. Si vous souhaitez manger sur place, la maison propose des carpaccios de viande ou de poisson (15 €). Quelques tables en terrasse donnent sur la place Santa Margherita mais sont généralement prises d'assaut.

Campo S. Margherita, 2930 • Ⓥ Ca' Rezzonico • ☎ 041 523 61 19 • T.l.j. 12h-2h.

CAFFÈ ROSSO

Café ㉔ Plan A3-4

Un délicieux café au décor 1900, un vieux percolateur encore à l'ouvrage, une grande terrasse... Il Caffè Rosso est un lieu incontournable de rendez-vous pour une pause en journée,

ou pour boire un verre le soir, dans une ambiance festive (mais pas uniquement étudiante).
Campo Santa Margherita, 2963 • Ⓥ Ca' Rezzonico • ☎ 041 528 79 98 • www.cafferosso.it • Lun.-sam. 7h-1h • Spritz comptoir 2,50 €, terrasse 3 €.

Du pont du Rialto à la Ca' Pesaro (Quartier 9 - p. 66)

RUGA RIALTO
Osteria ㉕ Plan H7

Ruga Rialto est à la fois une *osteria*, un *bacaro*, un bar du soir et un lieu d'exposition où tout le monde se croise dans la joie et la bonne humeur. Une bonne adresse où faire étape avant de repartir ensuite en direction du campo Santa Margherita.
Ruga Vecchia, 692 • Ⓥ Rialto • ☎ 041 521 12 43 • T.l.j. 11h-14h30 et 18h-minuit (cuisine 22h30) • Verres 1-4 €.

AL MERCÀ
Bar ㉖ Plan H6

Est-ce le plus petit bar de Venise, et celui qui aurait la plus grande terrasse ? Al Mercà ne désemplit pas à l'heure de l'apéro, midi et soir. Tout le monde est debout, Prosecco ou *ombra* en main, sur ce *campo* stratégique en début de soirée puisque c'est là qu'on est à peu près sûr de se retrouver. Excellents vins vénitiens, du Frioul et du Haut-Adige, bonnes tartes salées et *cicchetti*.

Alla Ciurma

Campo Bella Vienna, 213, Erbaria
• Ⓥ Rialto Mercato • ☎ 346 834 06 60
• Lun.-sam. 10h-14h30 et 18h-20h
• Verres de 2 à 3 €.

BANCOGIRO
Osteria ㉗ Plan H6-7

Entre le marché du Rialto et le Grand Canal, il y a la Naranzaria (voir p. 122), il y a aussi l'*osteria* Bancogiro, sous les vieilles arcades des Fabbriche Vecchie. Une cuisine de marché, goûteuse et créative, et de bons verres à déguster en soirée, dehors, à la fraîche.

Campo San Giacometto, 122
• Ⓥ Rialto • ☎ 041 523 20 61
• www.osteriabancogiro.it

• Mar.-dim. 9h-minuit • Verres de vin de 2,50 à 7,50 €.

ALLA CIURMA
Bar à vins ㉘ Plan H6

Pour profiter de l'ambiance détendue de ce bar à vins, il ne faut prendre l'*aperitivo* assez tôt, car à 20h30, quoi qu'il arrive, c'est fermé ! Ici, on vient pour le bon vin, le spritz au Prosecco mais aussi les belles assiettes de *cicchetti* au poisson à déguster debout, en sirotant son verre.

Calle Galeazza, 406/A
• Ⓥ Rialto Mercato • ☎ 340 686 35 61
• Lun.-sam. 9h-15h et 17h30-20h30
• Spritz 3 €, crevettes frites 2 € les 3.

Autour de la Basilica dei Frari (Quartier 10 - p. 70)

PALAZZETTO BRU ZANE
Musique classique ㉙ Plan G7

À deux pas de la Scuola San Giovanni Evangelista, la fondation Bru a restauré en 2007 ce charmant casino du XVIIe s., joliment décoré de stucs et de fresques de Sebastiano Ricci, pour le rendre à sa vocation première : la musique. Des concertistes de haut vol y sont invités, chaque saison autour d'un thème différent, mais la tendance de fond reste la même : la musique romantique du XIXe s.

Campiello del Forner o del Marangon, 2368 • Ⓥ San Tomà • ☎ 041 52 11 005
• www.bru-zane.com • Billetterie ouv. lun.-ven. 14h30-17h30 et 1h avant le début du concert, visites guidées gratuites en français jeu. 15h
• Plein tarif : 25 €.

TAVERNA DA BAFFO
Osteria ㉚ Plan G7

Da Baffo donne sur un *campo* et un minuscule *rio*. La clientèle hétéroclite - populaire, universitaire, touristique ou branchée - vient en fin de journée pour la bière belge, les vins italiens... Également des plats pour dîner ou déjeuner (de 15 à 30 €), en terrasse.

Campiello di Sant' Agostin, 2346
• Ⓥ S. Tomà ou S. Stae • ☎ 041 524 20 61
• www.tavernadabaffo.com • T.l.j. 12h-23h.

Il Mercante

IL MERCANTE
Bar à cocktails ㉛ Plan G7

Face à l'élégante façade gothique de l'église des Frari, ce bar élégamment restauré est l'une des meilleures adresses pour boire des cocktails à Venise. Leurs épices raffinées nous invitent à un voyage en Orient, sur les traces de Marco Polo. Une gorgée de *Sunset in Cambaluc* vous transporte déjà dans la Chine antique avec sa vodka infusée au paprika et aux framboises.

Fondamenta dei Frari, 2564 • Ⓥ S. Tomà • ☎ 339 628 98 70 • www.ilmercantevenezia.com • Mar.-jeu. 18h-1h, ven.-dim. 18h-2h • Cocktail 8 €.

OSTERIA DA FILO
Bar ㉜ Plan G6

La foule qui s'y rassemble chaque mercredi soir pour les concerts ne se trompe pas : bonne musique, jolie déco, boissons au juste prix, l'Osteria da Filo a tout pour plaire. Aussi appelée la « *Popa* », on s'y sent comme à la maison, enfoncé dans les profonds canapés vintage.

Calle del Tintor, 1539 • Ⓥ S. Tomà • ☎ 041 524 65 54 • Lun.-ven. 16h-23h et sam.-dim. 11h-23h• Spritz 2,50 €, verres de vin à partir de 2,50 €.

La Riva degli Schiavoni et le pont des Soupirs (Quartier 11 - p. 74)

SANTA MARIA DELLA PIETÀ
Musique classique ㉝ Plan D3

L'un des grands lieux musicaux de Venise, attaché au souvenir de Vivaldi (le compositeur a été maître de la chapelle du même nom jusqu'en 1740), accueille de nombreux concerts de musique vénitienne du XVIIIᵉ s. : on y retrouve Albinoni, Galuppi, Marcello... Si les grands ensembles du genre y jouent pendant votre

séjour - Il Giardino Armonico ou l'Europa Galante notamment -, courez vite acheter un billet.
Riva degli Schiavoni • Ⓥ S. Zaccaria • ☎ 360 403 97 53 • www.chiesavivaldi.it • Billets et résa sur place • Billet : 25 €.

BACARO RISORTO
Bar à vins ㉞ **Plan D3**

On dit que « boire une *ombra* (un verre de vin) avec un *cicchetto* dans un *bàcaro* » fait partie des 101 choses qu'il faut absolument faire au moins une fois dans sa vie à Venise. Donc, si votre chemin passe par San Zaccaria, cela vaut la peine de vous arrêter au Risorto car ce bar sans prétention offre, à l'heure du spritz ou de l'*ombra*, une belle tranche de « vénitianité » et pratique des prix abordables : 1,50 € le *cicchetto*, 3 € le panini. Attention : après 21h, il ne reste plus grand-chose à grignoter. Juste le vin au verre que l'on pose sur le tonneau ou que l'on sirote debout dans la nuit...
Campo San Provolo, 4700 • Ⓥ S. Zaccaria • ☎ 340 301 70 47 • T.l.j. 8h-21h • *Cicchetto* et vin 5 €.

ORIENTAL BAR
Bar ㉟ **Plan D3**

À l'arrière du restaurant Met, haut lieu de gastronomie, un bar oriental a pris ses quartiers dans le paisible jardin du Metropole Hotel. On peut y boire un verre toute la journée aux beaux jours (d'avril à octobre), mais ce havre de paix et de verdure s'anime aussi les vendredis soir au son de DJs tendance (*smooth jazz* et tubes d'Ibiza).
Metropole Hotel, Riva degli Schiavoni, 4149 • Ⓥ S. Zaccaria • ☎ 041 520 50 44 • www.hotelmetropole.com • T.l.j. avr.-oct. 11h-1h • Verres de vin de 14 à 18 €, cocktail 16 €.

DANDOLO
Bar ㊱ **Plan D3**

Les consommations ne sont pas données, c'est vrai, mais pour ce prix-là vous aurez droit à un décor prodigieux dans le plus mythique des hôtels de Venise, le Danieli, encore hanté par le souvenir de George Sand, F. Scott Fitzgerald et Greta Garbo. Ne vous laissez pas intimider par le portier à l'entrée, tournez à gauche et installez-vous confortablement dans l'un des fauteuils damassés de jaune près des colonnes en marbre : vous êtes en vacances et vous l'avez bien mérité ! Seule recommandation : une tenue correcte est exigée.
Hotel Danieli, Riva degli Schiavoni, 4196 • Ⓥ S. Zaccaria • ☎ 041 522 64 80 • www.luxurycollection.com/danieli • Bar jusqu'à 1h • Cocktails de 16 à 22 €.

MAGNA, BEVI, TASI
Bar ㊲ **Plan D3**

Sens de l'humour requis : « Mange, bois et tais-toi », voilà pour le nom du bar ! À l'intérieur ou sur la minuscule terrasse, une foule bigarrée de touristes, d'étudiants et même de religieuses se presse pour boire une bonne bière, manger un sandwich ou déguster un spritz. Petits prix et convivialité au programme !

Campo Santi Filippo e Giacomo, 4520 • Ⓥ S. Zaccaria • ☎ 041 822 32 56 • www.bacarombt.com • T.l.j. 8h-minuit • Spritz 4,50 €, *cicchetto* 2 €.

Santa Maria Formosa (Quartier 13 - p. 84)

TEATRO MALIBRAN
Théâtre — 38 Plan I6

Ce théâtre a été édifié en 1677, près du Grand Canal, à l'emplacement présumé de la maison de Marco Polo. Restauré en 2001, il est dédié à Maria Malibran (1808-1836), cantatrice à la tessiture prodigieuse, disparue prématurément des suites d'une chute de cheval. Au programme, concerts classiques et opéras.

Campo del Teatro, 5873 • Ⓥ Rialto • Informations et résa : ☎ 041 24 24 • www.teatrolafenice.it

INISHARK
Pub — 39 Plan I7

Un pub chaleureux, aussi sombre que patiné, et très... *Irish*, où se retrouvent expats, touristes en mal de rock et fans de foot ou de rugby bien sûr (les soirs de grands matchs, les consos sont majorées de 1 € pour aider le patron à payer son abonnement TV). Pour info, le vieux proverbe en gaélique inscrit sur le mur *(is túisce deoch ná scéal)* signifie « d'abord un verre, l'histoire viendra après ».

Calle del Mondo Novo, 5787 • Ⓥ Rialto • ☎ 041 523 53 00 • www.inisharkpub.com • Mar.-dim. 18h-1h30 • Pinte de bière 4 €.

TAVERNA AL REMER
Taverne — 40 Plan H6

Ces anciens entrepôts ont été restaurés, et c'est le meilleur spot la nuit pour prendre un spritz en face du Grand Canal. La pause s'impose ici à la tombée de la nuit, avant de faire *il giro dei bacari*, autrement dit « le tour des *cicchetti* » à Venise. Et vous pouvez grignoter si le cœur vous en dit.

Campiello Remer, 5701 • Ⓥ Rialto • ☎ 041 522 87 89 • www.alremer.it • T.l.j. 12h-14h30 et 17h30-minuit • Buffet tout inclus 20 € au déj. • Happy hours 17h30-19h30 : buffet 2 € pour chaque consommation.

Taverna Al Remer

Le Cannaregio, le Ghetto et la Ca' d'Oro (Quartier 14 - p. 88)

PARADISO PERDUTO
Taverne ㊶ Plan B2

En journée, cette taverne à l'ancienne, avec ses tables en bois, ses murs en brique et ses vieux standards de crooners pour l'ambiance, propose une grande assiette composée (29 € pour 2) et des plats à la carte (env. 15 €). Certains soirs, elle accueille des concerts de rock, de jazz ou de musique du monde. Clientèle mélangée, accueil souriant.

Fondamenta della Misericordia, 2540 • Ⓥ S. Alvise • ☎ 041 72 05 81 • Jeu.-lun. 11h-minuit • Bouteille de vin 11 €.

CASINO DI VENEZIA
Casino ㊷ Plan B2

Ce casino, situé au bord du Grand Canal, dans le superbe palais Renaissance du début du XVIe s. où s'éteignit Richard Wagner en 1883, est un cadre de choix où vous écornerez vos liasses d'euros en jouant à la roulette, au black-jack ou aux machines à sous. Pendant l'été, les soirées « *giovedi sotto le stelle* » animent le jardin au son des DJ sets. L'occasion de profiter de la navette en bateau-taxi gratuite depuis Piazzale Roma pour débarquer par l'entrée du Grand Canal.

Ca' Vendramin-Calergi, Calle larga Vendramin • Ⓥ S. Marcuola ☎ 041 529 72 30 • www.casinovenezia.it • Machines : t.l.j. 11h-2h30 (3h sam.) • Tables : t.l.j. 15h30-2h30 (3h sam.) • Infos et résa *giovedi sotto le stelle* (juin-août) ☎ 348 561 37 08 • Cocktails de 8 à 11 € • *Dress code* : veste et chaussures fermées.

DA ALDO
Bar à bières ㊸ Plan B1

Chaleureux, loufoque, l'éternel Aldo est le petit temple à bières du Cannaregio. Il prétend même avoir des bouteilles du monde entier. À vous de voir !

Fondamenta degli Ormesini, 2710 • Ⓥ S. Marcuola • ☎ 041 71 58 34 • Lun.-sam. 19h-1h30 • Entre 2,50 et 7 €.

EL SBARLEFO
Taverne ㊹ Plan H6

L'endroit est tout petit, mais le choix est vaste : au comptoir, une vitrine vous met l'eau à la bouche en présentant de jolis *antipasti*, tartines de morue, de *sarde in saor* (2 €) et autres sandwichs de charcuterie... Et dans les verres, tous les cépages d'Italie. Dégustez le vôtre au comptoir ou dehors, sur l'une des petites tables où se donnent rendez-vous les Vénitiens du quartier.

Salizzada del Pistor, 4556 • Ⓥ Ca' d'Oro • ☎ 041 523 30 84 • T.l.j. 10h-22h30.

DA NICOLINO
Bar à vins ㊺ Plan B1

Ce petit bar à vins, qui s'appelle aussi Tutto a posto (« Tout va bien »), fait partie du *giro*, le circuit des noctambules dans le quartier de Cannaregio. Certes, il a des concurrents très sérieux sur les quais de la Misericordia et des Ormesini, mais on s'y arrête avec plaisir pour un apéro informel, un *calice* (ballon) d'un bon vin de pays et quelques menus en-cas : ici, les clients n'hésitent pas à pique-niquer sur le bord du *rio* ou à s'asseoir sur le bateau amarré au quai. Vous voyez : *tutto a posto !*

Fondamenta degli Ormesini, 2737 • Ⓥ S. Alvise • ☎ 328 872 96 23 • T.l.j. 18h-1h • Verre de vin 3,50 €.

AL TIMON
Taverne — 46 Plan B1

Entre le Ghetto et la fondamenta della Misericordia, mi-*osteria*, mi-*enoteca*, Timon fait l'unanimité. Un cadre très agréable, de bons produits (vins, *spumanti*, liqueurs...),

Al Timon

une cuisine classique italienne, quelques spécialités vénitiennes à déguster, et un bon rapport qualité-prix (plat à 18 €, pâtes à 12 € et *cicchetto* à 1 €). Que demander de plus ?

Fondamenta degli Ormesini, 2754 • Ⓥ S. Marcuola • ☎ 041 524 60 66 • T.l.j. 18h-1h (f. janv. et mer. en déc.).

IL SANTO BEVITORE
Bar à bières — 47 Plan B2

Le Saint Buveur est un sympathique bar à bières, repaire des Vénitiens amoureux de houblon et de la clientèle de l'auberge de jeunesse voisine. Jusqu'à 21 bières artisanales sont proposées à la pression, mais aussi quelques vins, des cocktails et une bonne sélection de bourbons et de whiskies. *Bruschette*, paninis et *cicchetti* combleront les petits creux. Quelques concerts de jazz ou de bossa-nova en été.

Campo Santa Fosca, 2393/A • Ⓥ Ca' d'Oro • ☎ 335 841 57 71 • www.ilsantobevitorepub.com • T.l.j. 16h-2h • Cocktails de 6 à 11 €.

LAGUNA LIBRE
Bar et lieu culturel — 48 Plan A1

Bar, restaurant, café, salle de concert et lieu d'exposition, le Laguna Libre veut s'imposer comme un lieu pluriel défendant la culture à Venise. Si le restaurant ne vaut pas vraiment le détour, nous vous recommandons son bar et les concerts organisés très régulièrement : jazz, chanson, musique du monde...

Fondamenta di Cannaregio, 969 • Ⓥ Guglie • ☎ 041 244 00 31 • www.lagunalibre.it • Mar.-ven. 18h-minuit, sam.-dim. 12h-minuit • Verres de vin à partir de 4,50 €, 33 % de plus à la table.

MEZZOPIENO

Bar à vins (49) Plan B1

Au pied du pont du Ghetto, Alessandro est toujours prêt à conseiller les amateurs de bons vins, en français ou en italien. Sous la charpente de son bar restauré avec goût, le patron sélectionne le meilleur des crus transalpins, renouvelant sa sélection au fil des coups de cœur. Une terrasse le long du *rio* complète parfaitement le cadre.

Fondamenta Ormesini, 2832 • Ⓥ S. Alvise • ☎ 041 200 78 82 • Mar.-dim. 10h-14h et 16h30-22h • Verre de vin autour de 3,50 €.

Les îles de la Giudecca et San Giorgio Maggiore (Quartier 15 - p. 94)

SKYLINE BAR

Bar (50) Plan A5

On se hisse au 8e étage de ce grand hôtel, installé dans les anciens moulins Stucky. Là, terrasse avec piscine, vue vertigineuse sur la ville et bar charmant où la jeunesse dorée se presse les week-ends et les soirs de fête : une fois par mois, fiesta thématique.

Molino Stucky Hilton, Fondamenta San Biagio, 815 • Ⓥ Palanca • Navettes gratuites depuis San Marco et Zattere • ☎ 041 272 33 11 • www.molinostuckyhilton.it • T.l.j. 17h-1h • *Bellini* 10 €, spritz 11 €.

FONDAZIONE GIORGIO CINI

Concerts (51) Plan D4

Un lieu réputé pour des concerts, mais aussi pour des conférences (en italien, évidemment). Et surtout l'occasion unique de voir les cloîtres palladiens autour desquels s'est installée cette très sérieuse fondation.

San Giorgio Maggiore • Ⓥ S. Giorgio • www.cini.it • Informations et résa ☎ 041 220 12 159 • Visites guidées ☎ 338 683 46 01 : sam.-dim. 10h-17h en été (en français ou en anglais : à 11h, 13h et 15h, plus 17h) ; 10h-16h en hiver • Tarif : 10 €.

Boutiques

PAR QUARTIER

Les coups de cœur DE NOTRE AUTEUR 2018

Parmi la centaine d'adresses testées, voici celles que notre auteur a préférées lors de ses pérégrinations dans Venise.

LIBRERIA ACQUA ALTA

Une librairie insolite où les ouvrages sont rangés pêle-mêle dans une baignoire ou... dans une gondole ! Voir p. 194.

BOTTEGA DEI MASCARERI

D'incroyables masques, vraiment made in Venise. Voir p. 187.

SHOWROOM FORTUNY

Le plus somptueux de tous les tourbillons de velours. Voir p. 197.

THE MERCHANT OF VENICE

Un petit tour dans le monde enchanté du parfum vénitien.
Voir p. 170.

Officine 904

The Merchant of Venice

OFFICINE 904

Où deux jeunes designers créent des sacs à tomber. Voir p. 181.

ELLE ELLE MURANO – NASON MORETTI

Parce qu'ils soufflent des verres de rêve et d'une infinie poésie.
Voir p. 198.

LEGATORIA POLLIERO

Pour admirer ses merveilles en papier marbré. Voir p. 189.

À SAVOIR

HORAIRES D'OUVERTURE

En règle générale, les boutiques sont ouvertes tous les jours sauf le dimanche (certaines ferment aussi le lundi matin) de 9h ou 9h30 à 13h et de 15h ou 15h30 à 19h ou 20h. **Les horaires peuvent varier** selon les saisons et les types de commerces. Certains artisans décideront aussi, selon l'humeur ou la nécessité, de fermer en affichant la simple pancarte *chiuso* (« fermé ») ou *torno subito* (« je reviens tout de suite »). Pendant les fêtes de Noël, l'été ou le Carnaval, la plupart des magasins touristiques (masques, verre de Murano, souvenirs) ouvrent le dimanche et en journée continue. N'hésitez pas à passer un coup de téléphone avant de vous y rendre, par sécurité. La fermeture annuelle a généralement lieu en août ou en janvier, avant le Carnaval.

PRIX ET RÈGLEMENT DES ACHATS

Venise est la ville la plus chère d'Italie. Pour espérer faire des affaires, autant **profiter des soldes** (indiqués par les panneaux *sconti* ou *saldi*), **en janvier et en juillet,** à partir de la deuxième semaine du mois, comme l'impose la loi italienne. On ne discute pas les prix affichés, hormis sur le marché d'antiquités du *campo* San Maurizio. Il est possible de régler ses achats par carte bancaire presque partout.

TAILLES ITALIENNES

Les tailles italiennes sont différentes des tailles françaises. Il faut ajouter 4 pour les vêtements (un 38 français = un 42 italien), et soustraire 1 pour les chaussures (un 39 français = un 38 italien).

LIVRAISON ET EXPÉDITION

Les commerçants vénitiens peuvent se charger de l'expédition et des éventuelles formalités d'assurance. Une adresse de **transporteur :** Sattis, Fondamenta Rizzi, 310 (Santa Croce) ☎ 041 529 91 11.

SE REPÉRER

Chaque adresse de boutique est associée à une pastille rouge numérotée. Vous retrouverez toutes les adresses positionnées sur le plan détachable.

Boutiques
PAR QUARTIER

La place Saint-Marc et le palais des Doges (Quartier 1 - p. 26)

NARDI
Bijouterie ① Plan I8

C'est le grand joaillier de la place Saint-Marc, créateur, entre autres, d'une broche à l'effigie du Maure, l'*Otello*, incrustée de pierres précieuses. Admirez le somptueux travail réalisé sur les pendulettes, boîtes, cadres et poudriers. À partir de 600 €.

Piazza San Marco, 69
• Ⓥ Vallaresso • ☎ 041 522 57 33
• www.nardi-venezia.com
• T.l.j. 10h-19h (f. dim nov.-avr).

ARCHIMEDE SEGUSO
Verre de Murano ② Plan I7

La famille Seguso œuvre dans le verre depuis le XIVe s., et Archimede Seguso, disparu en 1999, était l'un des plus grands artistes et maîtres verriers du XXe s. La boutique de San Marco expose ses œuvres, qui concourent désormais à représenter la culture vénitienne, ainsi que de nombreuses autres pièces d'art - lustres, coupes, vases, miroirs (de 50 à 20 000 €)...

• **San Marco :** Piazza San Marco, 143
• Ⓥ S. Marco • ☎ 041 528 90 41
• www.aseguso.com • Lun. 12h30-18h, mar.-sam. 11h-18h.
• **Murano :** Fondamenta Serenella, 18 (voir carte p. 98) • Ⓥ Colonna
• ☎ 041 739 048 • Lun.-ven. 10h-16h.

VOIR AUSSI :
Venini | **p. 31** | ③ Plan I7

Du Museo Correr à La Fenice (Quartier 2 - p. 34)

ARABA FENICE
Mode femme ④ Plan H8

Les pièces exposées dans ce cadre raffiné sont conçues par un atelier d'artistes. Vêtements, bijoux, objets déco, tout est créé en exclusivité. Des créations uniques ou en petite série (de 50 à 950 €, autour de 440 € pour une robe). Une des rares adresses en Italie où l'on trouve les bijoux du Danois Monies.

Calle dei Barcaroli, 1822
• Ⓥ Vallaresso • ☎ 041 522 06 64
• Lun.-sam. 10h-13h et 14h30-19h.

EMPRESA
Mode homme ⑤ Plan H-I8

Mode élégante et moderne, plutôt moins plan-plan que les autres

Gloria Astolfo

boutiques masculines à Venise : c'est la ligne de cette belle boutique qui vend entre autres les créations de la jeune marque romaine Empresa. Maille et coton, lin et cuir, tons neutres : sobre et chic. Comptez 120 € pour un tee-shirt, 250 € pour un pantalon.
Calle Frezzeria, 1586-1588 • Ⓥ Rialto • ☎ 041 241 26 87 • www.empresa.it • Lun.-sam. 10h-19h30 (en été 10h-20h ven.-sam.) et dim. 11h-19h30.

GLORIA ASTOLFO
Bijouterie ⑥ Plan I8

Gloria Astolfo est allée à bonne école auprès de sa mère Agatina. Féminines et élégantes, ses créations marient corail rouge et blanc, verre de Murano, cristal de Swarovski, rubis et aigue-marine. Une profusion de perles où se glissent fleurs et papillons. On trouve son bonheur parmi les boucles d'oreilles à partir de 25 €. Comptez 500 € pour un collier unique de toute beauté.
Calle Frezzeria, 1581 • Ⓥ Vallaresso • ☎ 041 520 68 27 • www.astolfovenezia.com • T.l.j. 10h-19h30.

POT-POURRI
Concept store ⑦ Plan H8

Cette superbe boutique, dont la vitrine déborde sur le *rio* voisin, propose des articles de prêt-à-porter et de décoration. Côté mode, les ballerines Virreina (120 € la paire) et les sacs Hervé Chapelier (à partir de 60 €), les vêtements Scapa, Sofie d'Hoore et Samantha Sung, les bottes d'Alberto Fasciani raviront les femmes bien dans leurs stilettos. Ils ont ouvert une boutique pour hommes juste à côté.
Palazzo della Regina Vittoria Ramo dei Fuseri, 1810-1811 • Ⓥ Vallaresso • ☎ 041 522 13 32 • www.potpourri.it • Lun. 15h30-19h30, mar.-sam. 10h-13h30 et 15h30-19h30, dim. 11h-14h et 15h-19h.

THE MERCHANT OF VENICE
Parfumerie ⑧ Plan H8

Bienvenue dans le monde enchanté du parfum vénitien ! Cette ancienne pharmacie, décorée dans un goût néogothique en 1846 par Giambattista Meduna (l'architecte de La Fenice), a trouvé un second souffle grâce à Marco Vidal, qui a développé une gamme de six eaux de toilette et de parfum inspirées des senteurs et des épices des anciennes routes maritimes *(mude)* de la Sérénissime. Safran de Byzance, rose de Damas ou bergamote de Sicile, ses flacons sont une véritable invitation au voyage. À partir de 45 €.

Campo San Fantin, 1895 • Ⓥ Giglio • ☎ 041 296 05 59 • www.themerchantofvenice.it • T.l.j. 10h30-19h30 (f. mar. nov.-avr.).

LA BOTTEGA VENETA

Maroquinerie ⑨ Plan H-I8

Cette excellente adresse, créée en Vénétie, symbolise le savoir-faire vénitien dans le travail du cuir. Un lieu idéal, quoique très luxueux, pour dénicher un sac à main original et raffiné, ainsi que des carrés de soie en exclusivité. La spécialité de cette *bottega* : le cuir tressé pour femmes. Attention, les prix sont très élevés (de 1 650 à 7 200 € pour un sac à main).

Campo San Moisè, 1461 • Ⓥ Vallaresso • ☎ 041 522 84 89 • www.bottegaveneta.com • Lun.-sam. 10h-19h, dim. 10h30-19h.

LA COUPOLE

Cuir ⑩ Plan H8

Le spécialiste vénitien du cuir, du daim et des griffes prestigieuses tant pour madame que pour monsieur, de 100 à 2 000 €.

Calle Larga XXII Marzo, 2414 • Ⓥ Rialto • ☎ 041 241 26 87 • www.empresa.it • Lun.-sam. 10h-19h30 (en été 10h-20h ven.-sam.) et dim. 11h-19h30.

VENETIA STUDIUM

Déco et soie ⑪ Plan H8

Encore de la soie et du velours inspirés de Fortuny. Le prix des écharpes, vraiment divines, démarre à 90 € pour s'envoler à des hauteurs vertigineuses. Les lampes Fortuny sont fantastiques (à partir de 500 €). Jolies bourses à 60 € et coussins, de velours ou de soie, de 140 à 190 €.

Calle delle Ostreghe, 2428 • Ⓥ Vallaresso ou Giglio • ☎ 041 52369 53 • www.venetiastudium.com • Lun.-sam. 10h-19h30, dim. 11h-19h.

MAX ART SHOP

Masques ⑫ Plan I8

Cette boutique réunit parmi les meilleurs artistes de la ville inspirés par les traditions vénitiennes. Masques, marionnettes, poupées de collection, costumes et objets d'art (de 5 à 2 000 €)... Avec un peu de chance, vous serez conseillé par Antonia Sautter, la créatrice de cette caverne d'Ali Baba.

Calle Frezzeria, 1232 • Ⓥ Vallaresso • ☎ 041 523 38 51 • T.l.j. 10h-20h.

LA VENEXIANA ATELIER

Masques ⑬ Plan H-I8

Cet excellent artisan est spécialisé dans le masque traditionnel en papier mâché et peint à la main. De 15 à 500 €.

Calle Frezzeria, 1135/A • Ⓥ Rialto • ☎ 041 528 68 88 • T.l.j. 10h-19h (20h en été).

ARTIGIAN CARTA
Papeterie ⑭ Plan H8

Tous les articles sont confectionnés ici par le relieur Massimo Doretto. Carnets d'adresses ou de notes, reliures de livres en cuir de toute beauté ou en papier Liberty, articles de bureau comme des presse-papiers ou des coupe-papier en verre de Murano. On trouve son bonheur à partir de 9 €.

Frezzeria, 1797 • Ⓥ Vallaresso • ☎ 041 522 56 06 • Lun.-sam. 10h-13h et 15h-19h (mai-sept. journée continue).

ATTILIO CODOGNATO
Bijouterie ⑮ Plan I8

Vous ne jurez que par les bijoux anciens ? Cette jolie boutique est faite pour vous, car elle offre le plus grand choix de Venise en ce domaine (ne manquez pas les bagues !), ainsi que des camées et quelques pièces contemporaines.

Calle larga dell'Ascensione, 1295 • Ⓥ Vallaresso • ☎ 041 522 50 42 • www.attiliocodognato.it • Lun.-sam. 10h-13h et 16h-19h (f. lun après-midi).

Autour du campo Santo Stefano (Quartier 3 - p. 42)

RAGGIO VENEZIANO
Maroquinerie ⑯ Plan G8

Un bel atelier-boutique où les Murra mettent la main à la pâte. Giorgio crée des sacs et des pochettes (dès 68 €), Anna Maria, sa femme, confectionne les reliures des livres, et les bijoux en verre de Murano et pierres semi-précieuses (à partir de 25€). Les cuirs de vache, tous de Toscane, sont teints selon un procédé entièrement naturel.

Campo Santo Stefano, 2953 • ☎ 041 241 27 12 • www.raggioveneziano.com • T.l.j. 10h30-18h (19h30 l'été).

LIVIO DE MARCHI
Mode et design ⑰ Plan G8

Une boutique-atelier sans équivalent à Venise où vous découvrirez les créations burlesques de Livio de Marchi : chaussettes, chemises, cravates (env. 260 €) et autres objets... en bois ! Vous y trouverez des bricoles abordables.

Salizzada San Samuele, 3157/A • Ⓥ S. Samuele • ☎ 041 528 56 94 • www.liviodemarchi.com • Lun.-ven. 9h-12h et 13h30-16h, sam. sur r.-v.

ALBERTO VALESE
Papeterie ⑱ Plan H8

Un des grands noms du papier marbré de Venise. Alberto Valese reproduit ses motifs originaux sur une multitude de supports : calepins, boîtes et petits tiroirs en papier mâché, mais aussi foulards en soie et en crêpe de Chine... de 2 à 150 €. Peut-être verrez-vous l'un de ses ouvriers réaliser une des impressions florales dont il a le secret.

Le top des boutiques GOURMANDES

L'Italie est un grand pays de la gastronomie... et Venise ne fait pas exception. Nous avons sélectionné quelques adresses savoureuses pour rapporter un peu d'Italie dans vos valises.

CASA DELLA GRAPPA

Toutes les sortes de grappa sont proposées ici pour notre plus grand bonheur : grappa de Prosecco, de Valpolicella, etc. Voir p. 186.

VINO E VINI

Des vins d'Italie, blancs ou rouges, ainsi que quelques références de grappa. Voir p. 192.

I TRE MERCANTI

Tout ce que l'Italie propose de meilleur pour ravir les gourmets. Huiles d'olive, pâtes, tomates séchées... et des tiramisus irrésistibles. Voir p. 195.

CASA DEL PARMIGIANO

Le temple du plus emblématique des fromages italiens, d'où ramener des produits absolument exquis. Voir p. 185.

LUCIANO MASCARI

L'un des meilleurs torréfacteurs de Venise. Des cafés aux saveurs exceptionnelles, mais aussi des bonbons et des infusions. Voir p. 186.

VIZIOVIRTÙ

Des chocolats aussi créatifs que délicieux, agrémentés de fruits secs ou confits, de gingembre, de lavande... Et des glaces succulentes. Voir p. 177.

Studio Du

Campo Santo Stefano, 3471 • Ⓥ S. Angelo ou S. Samuele • ☎ 041 523 88 30 • www.albertovalese-ebru.it • Lun.-sam. 10h-13h30 et 14h30-19h, dim. 10h-18h.

IL PAPIRO
Papeterie ⑲ Plan H8

Des piles d'agendas et des calepins recouverts de papier marbré, mais aussi de la papeterie plus originale pour petits et grands, toujours à des prix abordables (de 1,50 à 500 €) : plumes, sceaux, crayons de couleur et cartes de vœux très réussies.

Calle del Piovan, 2764 • ☎ 041 522 30 55 • www.ilpapirofirenze.eu • T.l.j. 9h30-20h30.

STUDIO DU
Mosaïque ⑳ Plan G8

Les oiseaux merveilleux de Dusciana Bravura trônent au centre de ce magasin aux mille pierres précieuses. Cette artiste, originaire de Ravenne et de Venise, mixe le meilleur de l'artisanat des deux cités pour réaliser bijoux (90 € la paire de boucles d'oreilles), miroirs et objets de déco en mosaïque et verre de Murano. Un vrai trésor !

Calle de le Carozze, 3283 • Ⓥ S. Samuele • ☎ 333 265 54 22 • www.duscianabravura.com • T.l.j. 10h30-18h30.

Du Museo Fortuny au campo San Luca (Quartier 4 – p. 46)

L'OTTICO FABBRICATORE
Concept store ㉑ Plan H7

Dans un style dépouillé, ce concept store présente étoles, sacs en cuir, sandales et montures de lunettes. Les montures, en bois ou en corne, sont imaginées par le propriétaire de la boutique et fabriquées près de Naples. Demandez à visiter l'arrière-boutique que sa femme a aménagée pour présenter des tenues créées par des designers italiens et espagnols.

Calle del Lovo, 4773 • Ⓥ Rialto • ☎ 393 335 97 09 • T.l.j. 10h-13h et 15h30-19h30, dim. 11h-17h.

NINA
Mode femme ㉒ Plan H7

Cet écrin charmant, entre pierres apparentes, poutres et coin boudoir,

célèbre des marques italiennes (Pomandère, Kristina Ti, Lardini) et propose une mode colorée et délicate. Robes de 180 à 500 €, pantalons de 150 à 500 €.
Campo Manin, 4231 • Ⓥ S. Angelo • ☎ 041 241 12 63 • Lun.-sam. 10h-14h et 15h30-19h30, dim. 11h-19h.

VENETIAN DREAMS
Bijouterie ㉓ Plan H8

Une boutique d'artisan féminine et petite comme un dé à coudre. Marisa confectionne sur place des bijoux avec des perles de Murano. Regardez aussi les pièces assemblées avec les *conterie*, ces autres minuscules perles colorées de Murano. Marisa les transforme en fleurs, en tableaux, en colliers. Comptez 12 € pour des boucles d'oreilles, 37 € pour un bracelet. La boutique vaut également le détour pour ses *furlane* artisanales (à partir de 100 € pour les modèles perlés).
Calle della Mandola, 3805/A • Ⓥ S. Angelo • ☎ 041 523 02 92 • Lun.-sam. 10h30-19h30, dim. 11h-17h.

FESCINA
Bijouterie ㉔ Plan H7

Dans sa boutique-atelier, Stefania Fescina mélange les époques et ses perles coups de cœur. Colliers, broches et bracelets (de 120 à 700 €) marient aigues-marines, perles des années 1950, perles vénitiennes et vieil ambre.
Calle dei Fuseri, 4458 • Ⓥ Rialto ou Vallaresso • ☎ 041 520 78 82 • Lun.-sam. horaires variables (appel conseillé).

RUBELLI
Tissus ㉕ Plan G-H7

Une enseigne institutionnelle où l'on fabrique au compte-gouttes des damas et de somptueux velours tissés sur des métiers manuels. Ces extraordinaires velours frappés à la main sont utilisés pour décorer les palais vénitiens.
Palazzo Corner Spinelli Sant' Angelo, 3877 • Ⓥ S. Angelo • ☎ 041 523 61 10 • www.rubelli.com • Sur r.-v.

LINEA D'ACQUA
Librairie ㉖ Plan H7

Linea d'Acqua est une librairie spécialisée sur la ville de Venise et sur Casanova. Dans ce domaine, Luca Zentilini propose le meilleur choix de gravures et de livres anciens (ouvrages sur le théâtre de Goldoni, de Ruskin...), dont la moitié est en français.
Calle della Mandola, 3717/D • Ⓥ S. Angelo • ☎ 041 522 40 30 • www.lineadacqua.it • Lun.-ven. 10h-13h et 15h30-19h, sam. 10h-13h et 16h-19h (ouv. aussi sur r.-v. au ☎ 347 297 65 14).

FABIO GATTO
Concept store ㉗ Plan H8

C'est plus qu'une boutique de mode féminine : c'est un concept store, chic mais pas hors de prix, où tout est pensé dans les moindres détails, de la déco intérieure

Fabio Gatto

à la sélection des marques (Aristolasia, Rossopuro, Robert Friedman…). Et comme Fabio Gatto a du goût et de l'intuition, les vêtements, sacs et chaussures sont tous élégants, sobres et… très craquants. À partir de 135 €.

Calle della Mandola, 3804
• Ⓥ S. Angelo • ☎ 041 241 16 11
• www.fabiogatto.com
• Lun.-sam. 9h30-19h30, dim. 10h-18h.

GOLDONI
Librairie ㉘ Plan H7

Cette librairie généraliste offre un riche rayon sur Venise : sélection de guides et surtout de beaux livres de photos, d'arts, d'histoire ou de tradition, en italien et en anglais. Également des romans et des polars ayant Venise pour décor, en français. À noter pour les gourmands, un choix de livres de cuisine vénitienne.

Calle dei Fabbri, 4742
• Ⓥ Rialto • ☎ 041 522 23 84
• Lun.-sam. 9h-19h30, dim. 11h-13h30 et 14h30-19h.

Les Mercerie (Quartier 5 - p. 48)

AL DUCA D'AOSTA
Mode homme ㉙ Plan I7

Barba Napoli, Brioni, Caruso, Stone Island… Cardigans et polos, jeans et pantalons, de toile ou plus habillés, dessinent la silhouette de l'homme d'aujourd'hui. Un style assumé, à la fois élégant et décontracté.

Calle larga San Marco, 284
• Ⓥ Vallaresso • ☎ 041 520 40 79
• www.alducadaosta.com
• Lun.-sam. 10h-19h, dim. 11h-19h.

VALESE FONDITORE
Décoration ㉚ Plan I7

Depuis 1918, le nom d'Alberto Valese est synonyme de nec plus ultra dans l'art de la fonderie *alla veneziana*. La boutique est consacrée au bronze, à l'étain et au cuivre (objets à partir de 35 €). Elle regorge de luminaires, de heurtoirs ou de porte-clés. Vous pourrez y acheter l'un des modèles de petits chevaux qui ornent le flanc des gondoles :

ils sont fabriqués à l'ancienne, dans des moules remplis de sable de la forêt de Fontainebleau. **La fonderie** se visite sur rendez-vous (Madonna dell'Orto, 3535 ; ☎ 041 72 02 34 ; 10 €).

Calle Fiubera, 793 • Ⓥ Vallaresso • ☎ 041 522 72 82 • www.valese.it • Lun.-ven. 10h30-18h30, sam.-dim. 11h-18h30.

GIULIANA LONGO
Chapeaux ㉛ Plan H7

Le chapeau du gondolier, c'est chez elle qu'il faut l'acheter (env. 65 €). Cette modiste l'a remis au goût du jour, dans sa version d'été en paille avec ruban, ou d'hiver en drap de laine. Mais elle ne fait pas que ça : Giuliana crée des chapeaux sur mesure, pour hommes, femmes... et collectionneurs (de 20 à 3 000 €). Sa boutique mérite un coup d'œil, surtout au moment du Carnaval.

Calle del Lovo, 4813 • Ⓥ Rialto • ☎ 041 522 64 54 • www.giulianalongo.com • Lun.-sam. 10h-19h.

MATERIALMENTE
Décoration ㉜ Plan I7

Les sculptures aériennes attirent l'œil, puis on en découvre les différents métaux et les jeux de lumière. Certaines ressemblent à des mobiles de Calder. D'autres évoquent une fleur simple, un totem. L'artiste Alessandro Salvadori travaille ses lampes sur place. Un brassage d'influences venues du Japon, d'Afrique et d'ailleurs pour revenir en Vénétie. À partir de 110 €. Également des bijoux.

Merceria San Salvador, 4850 • Ⓥ Rialto • ☎ 041 528 68 81 • www.materialmentevenezia.com • Lun.-sam. 10h30-19h.

IL TEMPIO DELLA MUSICA
Disquaire ㉝ Plan I7

Ils ne sont pas légion, les disquaires à Venise, mais celui-là est de grande qualité. Les compositions de l'enfant du pays, Vivaldi, y sont évidemment présentes en nombre, comme d'autres compositeurs italiens (Verdi ou les baroques). Également une sélection conséquente de disques de jazz.

Ramo del Fontego dei Tedeschi, 5368 • Ⓥ Rialto • ☎ 041 523 45 52 • Lun.-sam. 10h-13h et 15h-19h30.

VIZIOVIRTÙ
Chocolats ㉞ Plan I6-7

Lorsque Mariangela a ouvert sa boutique, les Vénitiens n'en revenaient pas : du chocolat digne de ce nom faisait enfin son entrée dans la cité des Doges ! La *signora* leur ajoute aussi des fruits secs ou confits, de la cardamome, du gingembre, de la lavande (de 0,50 à 1,10 € pièce)... C'est ultra-créatif, et diaboliquement délicieux... tout comme les glaces ! La boutique-atelier « Vice et Vertu » se situe à quelques pas du campo San Lio.

Calle del Pistor, 5988 • Ⓥ Rialto • ☎ 041 275 01 49 • www.viziovirtu.com • T.l.j. 10h-19h30 (f. dim. juin-août).

VENCHI
Chocolats ㉟ Plan I7

Vous y trouverez plein de douceurs chocolatées en provenance directe de la maison fondée à Turin en 1878 par Silviano Venchi, comme des tablettes « Gianduja blanche aux pistaches, amandes et noisettes salées » (6,50 €). Mais ce n'est pas tout : Venchi s'est récemment lancé dans la glace artisanale. Avec talent : le sorbet à la mangue a un parfum des plus intenses (2,50 à 5 € la *coppetta*).

Calle dei Fabbri, 989 • Ⓥ Vallaresso • ☎ 041 241 23 14 • www.venchi.com • T.l.j. 9h30-23h (minuit ven.-sam.).

BOTTIGLIERIA COLONNA
Caviste ㊱ Plan I7

Un caviste qui propose des coffrets dégustation comprenant de trois à douze crus différents provenant de Vénétie ou de Lombardie, de 9 à 60 € la bouteille. Idéal pour se former les papilles et connaître toutes les variétés de Prosecco. Grand choix de vins apéritifs italiens.

Calle della Fava, 5595 • Ⓥ Rialto • ☎ 041 528 51 37 • Lun.-sam. 9h-13h et 16h-20h.

Autour des Gallerie dell'Accademia (Quartier 6 - p. 52)

CANESTRELLI
Décoration ㊲ Plan G8

Stefano Coluccio a d'abord été architecte, puis il s'est intéressé aux miroirs de sorcière, ces glaces convexes que les peintres flamands (Van Eyck, Metsys) et italiens (Bellini ou le Caravage) ont utilisées pour déjouer la lumière ou simplement pour jouer de ses reflets avec le spectateur. N'y voyez aucune superstition : le miroir de sorcière, au logis, est bienveillant ; il est même supposé porter chance ! À partir de 65 € (bois, laiton ou cuivre). Cet artiste travaillant seul, n'hésitez pas à revenir ou à téléphoner si son atelier est fermé.

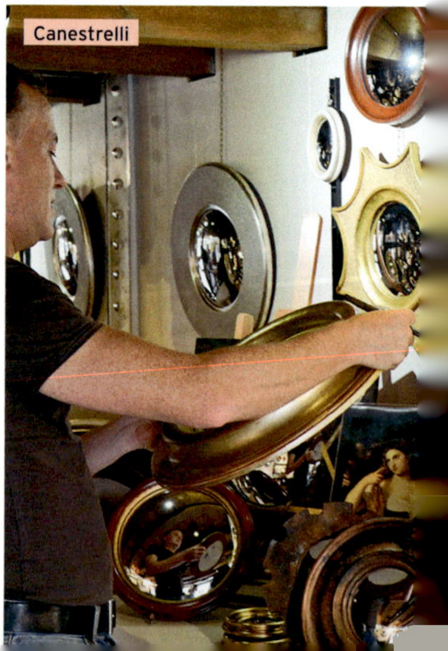
Canestrelli

Sacca de la Toletta, 1173
• Ⓥ Accademia • ☎ 041 277 06 17
• www.venicemirrors.com
• Lun.-sam. 11h-13h30 et 15h30-19h.

MASSIMO MICHELUZZI
Verre de Murano (38) Plan G8

Cet artiste vénitien, passé chez le verrier Venini, expose aujourd'hui ses pièces dans les musées et galeries d'Europe et des États-Unis. Passez voir son showroom, très spectaculaire, à deux minutes des Gallerie dell'Accademia. Œuvres de 500 à 4 000 €.

Ponte delle Maravegie, 1071
• Ⓥ Accademia ou Ca' Rezzonico
• ☎ 041 528 21 90 • Lun.-sam. 10h-13h et 15h30-19h30 (f. sam. après-midi).

LA TOLETTA
Librairie (39) Plan G8

L'institution vénitienne du livre d'art neuf ou d'occasion à prix réduit ! Vaste choix en italien mais aussi un petit rayon de livres en français : des guides de Venise, des albums jeunesse, des romans, quelques beaux livres ou encore des méthodes de langue...

Sacca della Toletta, 1213
• Ⓥ Ca' Rezzonico ou Accademia
• ☎ 041 523 20 34 • www.latoletta.com
• Lun.-sam. 9h-19h30, dim. 15h-19h.

La pointe du Dorsoduro (Quartier 7 – p. 56)

CORNICI SILVIA TREVISANELLO
Décoration (40) Plan B4

Des cadres superbes ! Silvia Trevisanello a repris la boutique de son père et réinvente la vieille tradition de l'encadrement vénitien, utilisant des matériaux comme les perles, les cannes de verre, l'aluminium, les feuilles d'or, d'argent, de verre... Cette artiste travaille sur place, en vous parlant, et c'est assez magique de voir les transformations en cours. Les prix sont séduisants : à partir de 60 € et jusqu'à 450 €. Bien sûr, Silvia Trevisanello travaille aussi sur commande.

Fondamenta Bragadin, 662
• Ⓥ Accademia • ☎ 041 520 77 79
• Lun.-sam. 9h-13h et l'après-midi sur r. v.

MARINA E SUSANNA SENT
Verre de Murano (41) Plan B4

Cette galerie-boutique propose les créations des sœurs Sent : jolis bijoux en perles de verre à partir de 30 €, étoles en laine mérinos, vases, objets en pâte de verre. Un travail artisanal que l'on retrouve dans d'autres boutiques et qui est exposé aussi au Museo del Vetro à Murano (p. 99).

• **Dorsoduro :** campo San Vio, 669-670/A • Ⓥ Accademia
• ☎ 041 520 81 36 • T.l.j. 10h-18h
• **San Marco :** Ponte San Moisè, 2090 (plan H8) • Ⓥ Vallaresso
• ☎ 041 520 40 14 • T.l.j. 10h-18h
• **San Polo :** Sotoportego dei Oresi, 70 (plan H6) • Ⓥ Rialto Mercato

Nos boutiques MADE IN VENISE

Pour éviter la sempiternelle boule à neige et les magnets faits en Chine, une sélection d'adresses où dénicher des merveilles d'artisanat vénitien, qui marient tradition et modernité.

VENETIAN DREAMS

Des *furlane* artisanales (chaussons en velours) ornées de perles de Murano. Également de très beaux bijoux. Voir p. 175.

VECCHIA MURANO

La boutique idéale pour rapporter bijoux, masques ou objets de déco réalisés avec beaucoup de soin en verre de Murano. Voir p. 191.

ÉDITIONS DU DROMADAIRE

Des livres pour enfants, beaux et ludiques, imprimés et reliés à la main. Voir p. 195.

CA' DEL SOL

Une caverne d'Ali Baba au cœur de laquelle l'artisan est au travail, retouchant les détails d'un de ses précieux masques. Voir p. 193.

ALBERTO VALESE

Des calepins, des boîtes, mais aussi des foulards... tous aux motifs du célèbre papier marbré typiquement vénitien. Voir p. 172.

VENEZIA STUDIUM

Écharpes, coussins, bourses, lampes... en velours ou en soie, inspirés des modèles Fortuny. Voir p. 171.

Alberto Valese

• ☎ 041 521 00 16 • T.l.j. 10h-18h • **Murano :** Fondamenta Serenella, 20 (voir carte p. 98) • Ⓥ Colonna

• ☎ 041 527 46 65 • Mar.-sam. 10h-18h • www.marinaesusannasent.com

Du côté de la Ca' Rezzonico (Quartier 8 - p. 60)

GUALTI
Accessoires ㊷ Plan B4

Gualti est l'un des nombreux créateurs du Dorsoduro. Il conçoit ses accessoires comme des extensions du corps. Ses bijoux de cheveux sont de créatives sculptures en mouvement, mélange très scénographique de résine et de verre sur un fourreau sombre (boucles d'oreilles à partir de 25 €). Ses écharpes en laine, montées sur structure légèrement rigide, enveloppent les épaules en ondoyant (à partir de 85 €). Ses escarpins en satin de soie (120 coloris, deux types de talons, 250 €) sont à assortir aux pochettes, appliquées de bijoux.
Rio terrà Canal, 3111 • Ⓥ Ca' Rezzonico • ☎ 041 520 17 31 • www.gualti.it • Lun.-sam. 10h-13h et 15h-19h30.

SIGNOR BLUM
Enfants ㊸ Plan B4

Vous êtes à l'affût d'un souvenir vénitien pour décorer une chambre d'enfant ? Juste à l'angle du campo San Barnaba, cet artisan découpe, depuis 1980, de petits objets en bois qu'il peint de couleurs très pimpantes. Mobiles, panneaux, jouets, bibelots, animaux ou architectures vénitiennes : tout est en puzzle et tout est ravissant. Comptez 13 à 17 € pour une gondole et 91 € pour une reproduction miniature du palais Foscari.
Campo San Barnaba, 2840 • Ⓥ Ca' Rezzonico • ☎ 041 522 63 67 • www.signorblum.com • T.l.j. 10h-13h30 et 14h30-19h30.

ARRAS
Mode et déco ㊹ Plan G8

Cette association, dédiée à la réinsertion de personnes en difficulté, propose des modèles tissés à la main de couleurs gaies et à des prix raisonnables : plaids et couvre-lits pure laine (100 x 140 cm, 195 €), cabas en feutre (à partir de 29 €), écharpes en laine ou coton (38 €), ainsi que des vestes un peu plus chères. Vous pouvez aussi passer commande.
Campiello Squelini, 3235 • Ⓥ Ca' Rezzonico ou S. Tomà • ☎ 041 522 64 60 • www.arrastessuti.wordpress.com • Lun.-jeu. 9h-13h30 et 14h-18h30 (f. lun. après-midi), ven. 9h-18h, sam. 9h30-14h.

OFFICINE 904
Maroquinerie ㊺ Plan B4

Une boutique comme on les aime, où tout a été étudié dans les moindres détails par deux jeunes designers, Paolo Porcu Rodriguez et Silvia Pavanello : depuis 2010, ils créent des cabas et des sacs minimalistes (230 €) dans un cuir d'une grande douceur et une gamme de superbes teintes. Mais ce n'est pas tout : ils ont aussi conçu les emballages des sacs !

Calle Lunga San Barnaba, 2864 • Ⓥ Ca' Rezzonico • ☎ 349 450 29 62 et 041 524 22 86 • www.officine904.it • T.l.j. 10h30-13h et 14h-19h30.

C'ERA UNA VOLTA

Enfants ㊻ Plan B3

L'endroit idéal pour rapporter un petit jouet en bois, des perles, des déguisements pour enfants ou même une toute petite valise à roulettes... Les grandes marques comme Vilac ou Moulin Roty côtoient des marques italiennes dans ce bric-à-brac où, forcément, vous dénicherez un petit présent de qualité pour les enfants.

Calle San Pantalon, 3739 • Ⓥ S. Tomà • ☎ 041 718 899 • Lun.-sam. 10h-13h30 et 15h30-19h30.

AQUA ALTRA

Artisanat ㊼ Plan A4

Cette coopérative sociale réunit une vingtaine de bénévoles et propose des produits originaux et issus du commerce équitable. Exemple avec les shampoings et savons fabriqués par les femmes détenues sur l'île de la Giudecca ; ou avec les tee-shirts en coton estampillés « spritz » (16 €), sortis eux de la prison des hommes, près du piazzale Roma. Vous trouverez des panettones bio, artisanaux et faits à Venise, des verres recyclés, de la confiture de framboises (3,90 €). L'accueil est adorable.

Campo Santa Margherita, 2898 • Ⓥ Ca' Rezzonico • ☎ 041 521 12 59 • Lun.-sam. 10h-13h et 16h-19h30.

MADERA HOME & DESIGN

Arts de la table ㊽ Plan B4

Chic ! À Venise, les arts contemporains de la table commençaient à manquer cruellement. Cette boutique en rouge et blanc propose une sélection de créateurs. Parmi les collections très design, les casseroles blanches italiennes KnIndustrie ou les assiettes en céramique d'Aida Dirse.

Campo San Barnaba, 2762 • Ⓥ Ca' Rezzonico • ☎ 041 522 41 81 • www.maderavenezia.it • Lun.-sam. 10h30-13h et 15h30-19h30.

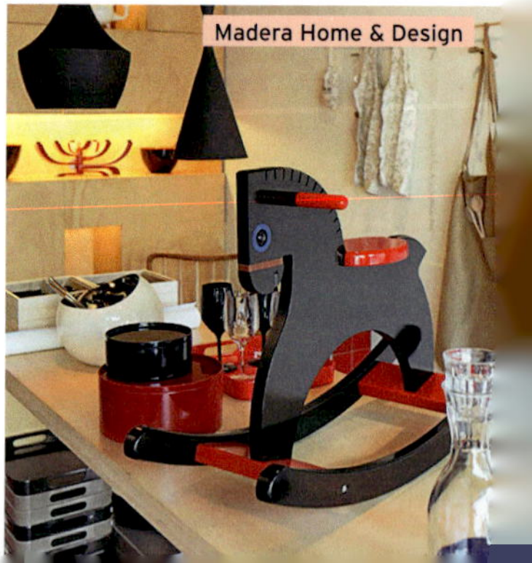
Madera Home & Design

CA' MACANA

Masques ㊾ Plan B4

Dans la boutique, vous trouverez les masques en papier mâché de la commedia dell'arte (de 32 à 350 €) et d'autres modèles créés dans les années 1980 par de jeunes étudiants passionnés par la renaissance du Carnaval. Mais Ca' Macana propose aussi et surtout des ateliers de décoration de masques en papier. D'une durée de 2h, ces cours (qui peuvent se tenir en français) sont dispensés par des artisans fins connaisseurs de l'histoire vénitienne des masques. L'atelier commence d'ailleurs par une brève explication sur la fabrication d'un masque et son histoire. Ensuite, l'apprenti choisit 2 masques parmi 50 modèles différents, et sélectionne l'une des 7 techniques proposées. À partir de là, il donne libre cours à sa créativité... Une version allégée de ces stages, en 1h pour la décoration d'un seul masque, est également proposée avec des tarifs dégressifs : 49 €/pers. si vous êtes seul, 44 €/pers. à 2 ou 39 €/pers. à 3... N'hésitez pas à appeler ou à envoyer un mail pour réserver, on vous répondra en français.

Calle delle Botteghe, 3172 • Ⓥ Ca' Rezzonico • ☎ 041 277 61 42 • www.camacana.com • T.l.j. 10h-18h30 (19h avr.-oct.).

PANTAGRUELICA

Épicerie fine ㊿ Plan B4

La bonne adresse du Dorsoduro, où l'on trouve de la grappa Capovilla – c'est la plus chère (de 30 à 120 €), mais vous en trouverez d'autres à des prix très raisonnables. Également de la poutargue (*bottarga*, le « caviar de Méditerranée »), des vins, du risotto joliment présenté dans des boîtes en métal, des pâtes sèches bio. Idée

L'élaboration d'un masque

Avec de l'argile, l'artisan modèle d'abord la **forme du masque**, puis il coule du plâtre pour obtenir un **moule.** Cette coque de plâtre est ensuite tapissée de papier mâché, puis mise à sécher. Après démoulage, l'artisan polit la surface du masque et assure la **finition** : incision de détails, des orbites et de la bouche, etc. Après l'application d'une couche de préparation blanche vient le stade de la **peinture,** réalisée à la main. Les masques en cuir (plus chers) adoptent des formes diverses. L'artisan ramollit le cuir pour travailler la forme. Il dore le masque à la feuille ou le teinte au gré de son inspiration. Un masque en cuir a plus de valeur encore s'il est fait d'une seule pièce. Pour le savoir, retournez-le !

cadeau : un paquet de *bigoli*, les spaghettis vénitiens (ils sont faits avec de la farine de blé complète), vendus dans leur bel emballage à l'ancienne, à 7,50 €.

Campo San Barnaba, 2844 • Ⓥ Ca' Rezzonico • ☎ 041 523 67 66 • Lun.-sam. 10h-20h (ouv. également dim. avr.-juin et sept.-déc.).

LIBRERIA MARCO POLO

Librairie ⑤① Plan A4

Design, jeunesse, littérature générale : on trouve de tout dans cette librairie sur le campo Santa Margherita. Peu de livres en langue étrangère mais le lieu est idéal pour rapporter un bel ouvrage aux amoureux de beaux livres, car la sélection est soignée. Une autre adresse spécialisée en jeunesse se cache non loin du Rialto (livres en français).

• Campo Santa Margherita, 2899 • Ⓥ S. Tomà • ☎ 041 822 48 43 • www.libreriamarcopolo.com • Lun.-sam. 10h-22h, dim. 11h-20h • Marco Polo Kids : Calle Teatro Malibran, 5886 (plan I6) • Ⓥ Rialto • ☎ 041 522 63 43 • Lun.-sam. 9h30-19h30.

Du pont du Rialto à la Ca' Pesaro (Quartier 9 - p. 66)

SCOUT

Mode femme ⑤② Plan H6

C'est léger, coloré, déstructuré et ultra tendance : cette petite marque née il y a une dizaine d'années du côté de Bologne offre une gamme sympathique et très abordable. Du débardeur au jean (30 €) en passant par l'espadrille, l'ensemble est *casual*. Également un rayon homme (tee-shirt de 10 à 30 €).

Calle dei Boteri, 1572 • Ⓥ Rialto Mercato • ☎ 041 721 767 • www.scout.it • Lun.-sam. 9h30-19h30, dim. 14h30-19h30.

ATTOMBRI

Bijouterie ⑤③ Plan H6-7

Les créations des frères Attombri, des bijoux en verre de Murano un peu rétro, ont séduit des stylistes célèbres de la péninsule, tel Romeo Gigli. Allez visiter leur minuscule boutique près du Rialto.

Sottoportico degli Oresi, 65 • Ⓥ Rialto Mercato • ☎ 041 521 25 24 • www.attombri.com • Lun.-sam. 10h-12h30 et 14h30-19h.

MARCO FRANZATO

Bijouterie ⑤④ Plan G6

Le vitrail coûte cher, et la bonne idée de l'artisan Marco Franzato, maître en vitrail Tiffany, est d'avoir décliné son talent pour ceux dont le porte-monnaie est plus mince (de 5 à 4 000 €). Il utilise les mêmes méthodes pour des pendentifs vraiment originaux, des boucles d'oreilles et des presse-papiers (à personnaliser si on veut). Il y a vraiment de quoi craquer !

Campo Santa Maria Materdomini, 2176 • Ⓥ S. Stae • ☎ 041 524 07 70 • www.marcofranzato.it • T.l.j. 10h-18h (17h dim.).

VANNI MORANDIN

Enfants ⑤⑤ Plan G6

Avec des pièces en bois, Vanni Morandin fait des puzzles, des tableaux en 3D et des créations personnelles. Les mobiles sont poétiques, comme cette lune qui laisse tomber ses étoiles, ou inspirés des silhouettes de Venise : musiciens et personnages de la commedia dell'arte. Monochromes ou colorés comme des tableaux de Matisse, ils sont tous remarquables.

Salizzada San Stae, 1921 • Ⓥ S. Stae • ☎ 347 248 26 37 • T.l.j. 10h-21h.

CARTE VENEZIA

Objets en papier ⑤⑥ Plan H6

Rosanna Corro travaille la technique du papier depuis plus de dix ans. Elle a étudié l'histoire de l'art et la restauration des livres et des reliures. Et puis elle s'est lancée en 2007. Sauf qu'elle le fait à sa manière et avec d'autres dessins. Cette jeune artiste en fait des tableaux, des boîtes, de ravissants albums photo reliés à la main (à partir de 35 €). Chaque pièce est unique. Bagues en papier et boucles d'oreilles à partir de 13 €, colliers à partir de 22 €.

Calle dei Cristi, 1731 • Ⓥ Rialto Mercato • ☎ 320 024 87 76 • www.cartevenezia.com • T.l.j. 11h-17h30.

CASA DEL PARMIGIANO

Épicerie fine ⑤⑦ Plan H6

Du parmesan trois ans d'âge, ça fond dans la bouche tout seul. Trois générations d'Aliani sont aux commandes de cette Casa del Parmigiano, connue au Rialto depuis 1936. Au frais, les charcuteries comme la *bresaola*, la *coppa* ou la *pancetta*, et les fromages - provolone et *pecorino* en tête. Une idée cadeau : un

Vanni Morandin

Les *furlane*

Fabriqués dans le Frioul, ces chaussons en velours ont une semelle... en pneu de bicyclette. C'était la chaussure antiglisse du gondolier, bien que d'autres affirment que leur seule utilité était de ne pas faire de bruit. Les femmes de chambre les portaient, ou les courtisanes lorsqu'elles sortaient la nuit... Vous en trouverez ornées de perles ou de passementeries chez **Venetian Dreams** (voir p. 175) ou **Piedàterre** (de 40 à 95 € la paire). Les autres, vendues à 20 € au Rialto ou vers le Guggenheim, viennent sûrement de Chine.

(60) Piedàterre, San Polo, 60 (plan H6) • V Rialto • ☎ 041 528 55 13 • www.piedaterre-venice.com • Lun.-sam. 10h-13h et 14h-19h30 ; fermé j.f.

petit pot de miel ou carrément la sauce à base d'oignons à déguster avec le fromage (à partir de 2,90 € le petit pot de 100 g).

Erberia Rialto, 214-218 • V Rialto Mercato • ☎ 041 520 65 25 • www.aliani-casadelparmigiano.it • Lun.-mer. 8h-13h30, jeu.-sam. 8h-19h30.

CASA DELLA GRAPPA

Épicerie fine (58) Plan H7

Vous entrez dans le royaume de la grappa, ici disponible sous toutes ses formes : grappa de Prosecco, de Valpolicella, etc., de 10 à 25 € le flacon. Également du vin (de 4 à 10 €) et des pâtes (2 ou 3 €).

Ruga Vecchia San Giovanni, 779/A • V Rialto Mercato ou S. Silvestro • ☎ 041 523 65 78 • T.l.j. 8h-13h et 16h-19h30 (f. mer. après-midi).

LUCIANO MASCARI

Café et confiseries (59) Plan H6

L'un des meilleurs torréfacteurs de Venise propose, outre des cafés aux saveurs enivrantes, un choix démentiel d'infusions et de bonbons pas chers. Le *gianduja* (crème de noisettes au chocolat) en pot est à se damner !

Ruga dei Spezieri, 381 • V Rialto Mercato • ☎ 041 522 97 62 • Lun.-sam. 8h-13h et 16h-19h30 (f. mer. après-midi).

Autour de la Basilica dei Frari (Quartier 10 - p. 70)

FANNY GLOVES

Maroquinerie (61) Plan G7

Giorgio Fontanive conçoit des gants et des pochettes classiques aux teintes vives, en agneau, en sanglier ou en pécari, doublés de cachemire, de soie ou de lapin. De la belle ouvrage à partir de 39 € la paire.

Calle dei Saoneri, 2723 • Ⓥ S. Tomà • ☎ 041 522 82 66 • Lun.-sam. 9h30-13h30 et 14h30-19h30, dim. 10h-18h30.

BOTTEGA DEI MASCARERI

Masques ⑥② Plan G7

Depuis 1984, les frères Sergio et Massimo Boldrin réalisent dans leur atelier de superbes masques en papier mâché, peints à la main ou appliqués de feuilles d'or, à des années-lumière du made in China (ce sont eux qui ont conçu pour Stanley Kubrick les masques du film *Eyes Wide Shut* !). Certains sont typiquement vénitiens *(bauta, moreta...)*, d'autres s'inspirent de la commedia dell'arte ou des fresques de Tiepolo. Il en est de très décoratifs qui ont la forme d'une lune ou qui composent un portrait de fruits et de légumes à la façon du peintre Arcimboldo. Tous ont en commun le soin du détail et de la nuance. À partir de 15 €.

Calle dei Saoneri, 2720 • Ⓥ S. Tomà • ☎ 041 524 28 87 • www.mascarer.com • T.l.j. 9h-18h.

ZAZÙ

Mode femme ⑥③ Plan G7

À mi-chemin entre un prêt-à-porter parfois bien sage et les prix astronomiques des créateurs italiens, Zazù donne un coup de peps. Tuniques en soie d'inspiration japonaise, jeux de superposition sensuels, jupes ballon en soie moirée, robes cocktail hautes en couleur, vestes bien coupées, le tout à des prix dosés. Les sacs sont à partir de 100 €. Les femmes de caractère vont aimer !

Calle dei Saoneri, 2750 • Ⓥ S. Tomà • ☎ 041 71 54 26 • Lun.-sam. 11h-13h30 et 15h30-19h30 (f. lun matin).

GILBERTO PENZO

Modèles réduits ⑥④ Plan G7

Gilberto Penzo est passionné par le monde de la mer : il a écrit plusieurs livres sur les bateaux et travaille pour le Museo Navale (voir p. 79). N'hésitez pas à lui poser vos questions sur les embarcations vénitiennes, ce monsieur est une véritable encyclopédie ambulante. Dans sa boutique, vous pourrez acheter des modèles réduits de bateaux anciens et des gondoles en kit avec plans de construction (30 € + frais de livraison).

Calle IIa Saoneri, 2681 • Ⓥ S. Tomà • ☎ 041 524 61 39 • www.veniceboats.com • Lun.-sam. 8h30-13h et 15h-18h.

BAMBOLANDIA

Enfants ⑥⑤ Plan G7

La vitrine de Bambolandia regorge autant de robots en métal bizarroïdes que de poupons au regard d'ange. Ici, les poupées en porcelaine sont fabriquées sur place (éditions limitées, premier prix : 200 €). Quant aux robots à tête d'hurluberlu, ils intéresseront les collectionneurs, mais aussi les enfants puisque quelques modèles sont abordables. On aime également les jouets à clé, en fer-blanc, les trains en bois, les mini-manèges et les reproductions de jouets anciens. De 2 à... 1 500 €.

Calle della Madoneta, 1462 • Ⓥ S. Silvestro • ☎ 041 520 75 02 • www.rialto.com/beatrice • Lun.-sam. 11h-17h30.

OHANA

Enfants ⑥⑥ Plan A3

La charmante et irrésistible « librairie » pour enfants et juniors de Francesca Calovolo fourmille d'accessoires que vous aurez peut-être déjà vus ailleurs – les porte-clés peluches façon « microbes géants », les valisettes pour voyager... – et de joujoux plus spécifiquement italiens. Mais ce n'est pas tout : elle organise aussi des *libro-tour* en italien et en anglais pour les *bambini*, avec chasse au trésor, sortie en gondole et lecture à bord. Une autre façon de découvrir Venise (15 €, résa 3 j. avant sur le site Internet).

Fondamenta del Gaffaro, 3535 • Ⓥ Piazzale Roma • ☎ 347 081 95 88 • www.ohanavenezia.it • Lun.-sam. 10h-19h, juil.-août 11h-13h et 16h-18h30.

ATELIER PIETRO LONGHI

Costumes ⑥⑦ Plan G7

Envie d'acheter ou de louer un costume de théâtre ou d'opéra ? Pietro Longhi est l'homme qu'il vous faut. Allez au moins admirer cette boutique fabuleuse. De 1 800 à 4 000 €, masques à partir de 40 €.

Rio terrà dei Frari, 2608 • Ⓥ S. Tomà • ☎ 041 71 44 78 • www.pietrolonghi.com • Lun.-ven. 9h30-15h30, sam. mat. sur r.-v.

GIORGIO MION ET SYLVIA FINIELS

Verrerie ⑥⑧ Plan G7

L'une des spécialités de cette galerie microscopique, tenue par un couple franco-vénitien : les sulfures en verre de Murano des années 1920 à 1970. Les prix commencent à 30 €. Vous trouverez aussi des pieds de lampe anciens, en verre, et mariés avec des abat-jour sur mesure (l'alliance verre-tissu est une réussite), des pièces Memphis des années 1960, des perles en verre début XXe s., des verres anciens...

Calle IIa dei Saoneri, 2694 • Ⓥ S. Tomà • ☎ 041 721 310 • www.meravigliedivenezia.com • Lun.-sam. 11h-13h et 16h-18h30.

AMADI
Verre sculpté ⑲ Plan G7

On voit beaucoup de petits animaux en verre sculpté dans les boutiques de souvenirs, inexpressifs et éloignés de leur modèle. Ceux-ci sont particulièrement réussis, car c'est avec un œil de naturaliste que Bruno Amadi, derrière ses bâtons de verre, donne vie à son petit zoo imaginaire. Les oiseaux de la lagune sont à partir de 45 € - les mouettes sont d'une justesse inouïe. Papillons (à partir de 70 €), éléphants, outardes... Réaliste et beau, simplement. Une autre vitrine est dévolue aux anchois, aux sardines et aux légumes, toujours miniatures.

Calle dei Saoneri, 2747 Ⓥ S. Tomà • ☎ 041 523 80 89 • Lun.-sam. 10h-13h et 14h30-18h (parfois f. sam. en été).

Ceramiche di Margherita Rossetto

CERAMICHE DI MARGHERITA ROSSETTO
Céramiques ⑳ Plan A3

Des céramiques bleu et jaune à motifs floraux pour donner des airs de fête à votre table sans vous ruiner et peintes à la main. Le plat, en deux tailles, est à partir de 5 € pour le plus petit, les prix pouvant atteindre 100 € selon les modèles.

Corte canal, 659 • Ⓥ Ferrovia • ☎ 393 210 02 72 • www.lamargheritavenezia.com • T.l.j. 10h-18h (17h nov.-fév.).

TRAGICOMICA
Costumes ㉑ Plan G7

En face de la maison de Goldoni, cette boutique originale propose encore quelques magnifiques marionnettes en bois (Pinocchio entre 320 et 850 €) et des masques à partir de 30 €. Aujourd'hui, elle est surtout spécialisée dans la location de costumes et la vente de masques de carnaval (de 2 000 à 3 000 €).

Calle dei Nomboli, 2800 • Ⓥ S. Tomà • ☎ 041 72 11 02 • www.tragicomica.it • T.l.j. 10h-19h.

LEGATORIA POLLIERO
Papeterie ㉒ Plan G7

À l'ombre de la Chiesa dei Frari, cette toute petite *legatoria*, ouverte depuis cinquante ans, abrite des merveilles de papier marbré, du petit carnet à secrets au grand agenda. Vous pouvez faire relier votre livre préféré

Le meilleur DE LA MODE ITALIENNE

Les beaux magasins de vêtements sont légion à Venise, et si vous aimez le shopping, vous tomberez souvent en arrêt devant des vitrines superbes... Voici notre sélection de boutiques pour hommes et pour femmes !

July

JULY

Jeune, féminine, abordable : cette boutique de Cannaregio séduit les Vénitiennes à la mode. Voir p. 196.

EMPRESA

Cette jeune marque romaine pour homme propose un style à la fois rock et chic. Voir p. 169.

BANCO LOTTO N° 10

Des articles faits main par les détenues de la Giudecca dans de précieux tissus de chez Rubelli : l'assurance de trouver des pièces uniques. Voir p. 192.

POT-POURRI

Deux boutiques côte à côte qui séduiront les hommes et les femmes à la recherche d'une élégance exubérante, à l'italienne. Voir p. 170.

FABIO GATTO

Chaque pièce de prêt-à-porter féminin de ce concept store donne envie de craquer : une merveille ! Voir p. 175.

(petit format) pour 70 € au minimum (expédition possible).
Campo dei Frari, 2995 • Ⓥ S. Tomà • ☎ 041 528 51 30 • Lun.-sam. 10h-19h30, dim. 10h-13h.

IL GRIFONE
Maroquinerie ⑦③ **Plan A3**

Depuis trente ans qu'il est installé sur cette *fondamenta* calme et bucolique, Antonio Peressin est connu comme le loup blanc des étudiants, qui achètent ici cartable et serviette en cuir... de Toscane. De belles ceintures également, des portefeuilles, des sacs (à partir de 120 €) couleur orange, bleu, vert, rouge, beige et noir. Ses créations sont dûment estampillées « Venezia ». Un cadeau original à rapporter.
Fondamenta del Gaffaro, 3516 • Ⓥ Ferrovia ou S. Tomà • ☎ 041 522 94 52 • www.ilgrifonevenezia.it • Mar.-ven. 10h-18h, sam. 10h-13h et 16h-19h.

La Riva degli Schiavoni et le pont des Soupirs (Quartier 11 - p. 74)

VECCHIA MURANO
Verre de Murano ⑦④ **Plan I7**

Les créations de Vecchia Murano sont réalisées selon l'art séculaire des maîtres verriers de Murano. La fabrique de l'étage n'est accessible qu'aux groupes, sur rendez-vous. Rassurez-vous, les visiteurs individuels pourront arpenter la superbe boutique-galerie qui regorge de bijoux (boucles d'oreilles à partir de 20 €, bagues à partir de 30 €), masques (dès 50 €) ou objets décoratifs comme un vase, entièrement confectionné et peint à la main (835 €).
Calle larga San Marco, 4392/A • Ⓥ S. Zaccaria • ☎ 041 271 85 02 • www.vecchiamurano.it • T.l.j. 8h30-17h30 (les horaires peuvent varier).

Vecchia Murano

SERENISSIMA
Épicerie fine ⑦⑤ **Plan D3**

Le chef est réputé pour ses plats de pâtes fraîches artisanales (de 10 à 20 € le kilo), chaque jour différents. Tagliatelles ricotta-épinards, raviolis basilic, gnocchis de pommes de terre... Une bonne adresse si vous louez un studio à Venise. Pâtes sèches,

vins régionaux, et des petits flacons pression d'huile d'olive à la truffe ou pimentée à 5 €.
Salizzada dei Greci, 3455
• Ⓥ S. Zaccaria • ☎ 041 522 74 34
• www.pastificioserenissima.it
• Lun.-ven. 8h-13h et 17h-19h30, sam. 8h-13h et 16h-19h.

BANCO LOTTO N° 10
Mode femme ⑺⑹ **Plan D3**

Tout ce qui est vendu dans ce magasin a été réalisé par les détenues de la maison d'arrêt des femmes de la Giudecca. Les tissus sont achetés chez Rubelli, l'un des plus vieux fabricants vénitiens. Chemisettes légères en lin et en coton, vestes ajustées, robes droites aux tailles ajustables grâce à un petit système de réglage (entre 30 et 250 €, selon les articles). Leur spécialité, les robes des années 1950.
Salizada Sant'Antonin, 3478/A
• Ⓥ Arsenale • ☎ 041 522 14 39
• www.ilcerchiovenezia.it • Lun.-sam. 9h30-19h30, dim. (avr.-oct.) 11h-17h.

BRAGORÀ
Mode homme ⑺⑺ **Plan D3**

On y vient surtout pour ses tee-shirts (dès 15-20 €) vraiment sympas et originaux, alternative aux habituels souvenirs arborant Venise et ses gondoles. Ici, un modèle orange vante les mérites du spritz et met en garde contre ses dangers ; un autre, noir à fond jaune, reprend la signalétique indiquant San Marco ou Rialto.
Salizzada S. Antonin, 3496
• Ⓥ Arsenale • ☎ 041 319 08 64
• www.bragora.it • Lun.-sam. 9h30-19h30, dim. 10h30-18h30.

VINO E VINI
Épicerie fine ⑺⑻ **Plan D3**

Vénétie, Toscane, Sicile, Sardaigne : nombre de régions viticoles d'Italie sont représentées dans la sélection de vins blancs, rouges, doux ou plus corsés à vendre dans cette échoppe (à partir de 5,80 €). On y trouve également quelques fameuses références de grappa. Au rayon alimentaire, des vinaigres balsamiques rares (et chers, jusqu'à 300 € la bouteille !), chocolats et confitures.
Salizzada del Pignater, 3566
• Ⓥ Arsenale • ☎ 041 521 01 84
• Lun.-sam. 10h-13h et 17h30-20h30, dim. 17h-20h.

Mario Bevilacqua

MARIO BEVILACQUA

Décoration (79) Plan I7

Cette boutique est un objet d'art à elle seule depuis 1800 ! Même les cinéphiles trouveront leur bonheur : ils admireront les photos du film *Anonimo Veneziano* tourné en partie dans la boutique. Vous pourrez réaliser ici tous vos rêves de décoration (de 9 à 1 000 €). Une **autre adresse**, près de la Fenice (campo Santa Maria del Giglio, 2520 (plan C4), Ⓥ Giglio, ☎ 041 241 06 62, lun.-sam. 9h-19h).

Fondamenta Canonica, 337/B
• Ⓥ S. Zaccaria • ☎ 041 528 75 81
• www.bevilacquatessuti.com
• Lun.-sam. 10h-19h, dim. 10h-17h.

CA' DEL SOL

Masques (80) Plan D3

Du sol au plafond, les masques recouvrent les murs de cette boutique à l'ambiance feutrée et mystérieuse. Presque invisible au milieu de ses œuvres, l'artisan est au travail, finissant un détail au pinceau fin. Un véritable atelier de passionné, où acheter un authentique masque ou bien louer un costume pendant le Carnaval (masques de 2 à 1 000 €).

Fondamenta dell'Osmarin, 4964
• Ⓥ S. Zaccaria • ☎ 041 528 55 49
• www.cadelsolmascherevenezia.com
• T.l.j. 10h-22h (juin-oct.) et 10h-20h (nov.-mai).

Santa Maria Formosa (Quartier 13 - p. 84)

PAPIER MÂCHÉ

Masques (81) Plan D3

Une boutique aux allures de galerie d'art, qui propose non seulement des masques très travaillés, mais aussi des céramiques de toute beauté peintes à la main. Prix intéressants (de 30 à 1 000 €) et bons conseils.

Calle lunga S. M. Formosa, 5174/B
• Ⓥ S. Zaccaria • ☎ 041 522 99 95
• www.papiermache.it • T.l.j. 9h-19h30.

KALIMALA

Maroquinerie (82) Plan I7

Quatre créateurs se sont réunis sous cette marque pour proposer portefeuilles, chaussures, sacs, ceintures et gants. Leur philosophie : travailler dans le respect de l'environnement, avec le meilleur cuir, celui qui vient de l'épaule, assurant ainsi une belle souplesse et une résistance à l'usure. Les prix sont très attractifs pour des chaussures de cette qualité (de 90 à 160 €). Beaucoup de modèles classiques et quelques paires plus originales, la plupart cousus main et aux coloris uniquement obtenus à partir de pigments naturels.

Salizada San Lio, 5387
• Ⓥ Rialto • ☎ 041 528 35 96
• www.kalimalavenezia.it
• Lun.-sam. 9h30-19h30, dim. 10h30-19h30.

SABINA MELINATO

Bijouterie (83) Plan D3

La plupart des bijoux vendus dans cette boutique sont réalisés par Sabina Melinato elle-même, qui travaille derrière son comptoir encombré de perles. Depuis trente ans, elle imagine de nouvelles formes et combinaisons, qu'elle essaie d'abord sur elle-même pour éviter de vendre des colliers en verre importables à cause de leur poids... ce qui arrive souvent à Venise ! Elle a également sélectionné des colliers de créateurs italiens et suédois pour compléter sa collection (de 20 à 300 €).

Calle lunga S. M. Formosa, 5184 • V S. Zaccaria • ☎ 041 523 57 34 • Lun.-sam. 9h30-12h30 et 15h30-19h.

Il Canovaccio

IL CANOVACCIO

Masques (84) Plan I7

À côté des traditionnels masques unis blancs, noirs, argent ou or, et des figures de la commedia dell'arte créées par Ivana et Francesca Cecamore, vous trouverez ici une sélection originale de masques d'animaux : chats, renards, grenouilles ou singes, une centaine de modèles au choix – dont certains pour les enfants – de 8 à 110 €.

Calle delle Bande, 5369-5370 • V Rialto • ☎ 041 521 03 93 • www.kartaruga.it • T.l.j. 10h-19h.

FRANCO FILIPPI

Librairie (85) Plan I7

Un libraire-éditeur sans rival sur tout ce qui a trait à la Sérénissime. Vous trouverez ici, pratiquement à coup sûr, l'ouvrage neuf (de 150 à 200 €) ou ancien (350 €) sur la grande ou la petite histoire de Venise. Belles reproductions de gravures anciennes à des prix abordables.

Calle del Paradiso, 5763 • V Rialto • ☎ 041 523 56 35 • www.libreriaeditricefilippi.com • T.l.j. 9h-12h et 15h-19h.

LIBRERIA ACQUA ALTA

Librairie (86) Plan D3

Véritable curiosité, cette librairie est pleine à craquer d'ouvrages neufs ou anciens. Il vous faudra déplacer un gros chat endormi sur une pile de livres d'art, contourner une authentique gondole ou une baignoire remplies de livres pour atteindre l'extrémité de la boutique où se trouve, sur une petite terrasse, un « escalier de livres » qui offre, au sommet, une jolie vue sur un petit canal.

Calle longa S. M. Formosa, 5176 • Ⓥ S. Zaccaria • ☎ 041 296 08 41 • T.l.j. 9h-20h.

ÉDITIONS DU DROMADAIRE

Librairie (87) Plan D3

Nées en 2000 de Florence Faval, sculpteur-graveur, et de Pierre Hornain, graveur et poète, les Éditions du Dromadaire comptent une vingtaine de titres à leur actif : des livres qui sont autant d'ouvrages d'art, beaux et ludiques, imprimés et reliés à la main, que les enfants adorent. Dans cette galerie-boutique, ceux-ci peuvent aussi découvrir des expositions ou prendre part à des ateliers de création. Les murs sont d'ailleurs couverts de dessins d'enfants. Livres en série de 8 à 15 €. Éditions limitées et numérotées à 45 €.

Calle Barbaria delle Tole, 6656 • Ⓥ Ospedale • ☎ 041 529 90 14 • www.dromadaire.it • Lun.-mer. 10h-12h45 et 16h-19h, jeu. 10h-12h45.

I TRE MERCANTI

Épicerie fine (88) Plan I7

Cette boutique vaste et claire, à l'accueil tout sourire, offre le meilleur de l'Italie gourmande : huiles d'olive et vinaigres balsamiques de haute tenue (de 11 à 120 €), bonnes pâtes à la semoule de blé dur (fusilli, *orechiette*, tagliatelles Laporta, env. 3 € le paquet), crèmes d'artichauts, de tomates séchées ou d'olives. Et surtout des tiramisus irrésistibles à 4,50 €. À boire également, nombre de Prosecco, grappa et *limoncello*.

Campo della Guerra, 5364 • Ⓥ Rialto • ☎ 041 522 29 01 • www.itremercanti.it • T.l.j. 11h-19h30.

DOLCEAMARO

Chocolats (89) Plan I6

Une chocolaterie artisanale de poche mais richement dotée : bouchées, rochers, dragées au chocolat noir (8,50 € les 150 g). Et en prime quelques belles bouteilles de vin, de la grappa, des marmelades…

Campo San Canciano, 6051 • Ⓥ Rialto • ☎ 041 523 87 08 • www.dolceamaro.com • T.l.j. 10h-13h et 16h-20h.

PROSCIUTTO E PARMIGIANO

Épicerie fine (90) Plan G8

Beau choix de pâtes artisanales, de bocaux d'artichauts, de tomates séchées et de charcuterie (le jambon de Parme et le *salame* valent le détour). C'est beau, bon, et vous serez gentiment conseillé…

Calle Mondo Novo, 5793/A • Ⓥ Rialto • ☎ 338 312 02 84 • www.prosciuttoeparmigiano.it • Lun.-sam. 7h30-14h et 15h30-19h30.

GALERIE ROSSELLA JUNCK
Verre de Murano ⑨① Plan H8

Cette galerie de la Turinoise Rossella Junck ravit les novices comme les collectionneurs. En effet, chacun y trouve une belle sélection de pièces de verre remarquables, réalisées entre les XVIe et XXe s. Comptez entre 700 et 8 000 € pour une pièce d'art ancien et de 1 600 à 8 000 € pour une œuvre d'art contemporain.

Calle del Cafetier, 2004
• Ⓥ Ospedale • ☎ 041 303 21 89
• www.rossellajunck.it • Sur r.-v.

Le Cannaregio, le Ghetto et la Ca' d'Oro (Quartier 14 - p. 88)

TORREFAZIONE CANNAREGIO
Café ⑨② Plan B2

On y vient autant pour le café que pour profiter d'un savoureux moment au milieu des sacs de jute. La boutique de torréfaction est le repaire des Vénitiens et d'une intelligentsia exigeante que la passion et le goût pour le café réunissent depuis 1930 ! Goûtez au *Cafè Remèr* (0,90 €), soit une sélection de huit arabicas, ou à l'*Espresso profuma* (à l'anis étoilé), étonnant en bouche. Café en grains de 22 à 32 € le kilo.

Rio terrà San Leonardo, 1337
• Ⓥ Guglie ou S. Marcuola
• ☎ 041 71 63 71
• www.torrefazionecannaregio.it
• Lun.-sam. 7h-19h30, dim. 9h30-18h30.

COOP
Supermarché ⑨③ Plan I6

Il y a quelques petits supermarchés Coop à Venise. Celui-ci est plutôt grand et se trouve près de la Ca' d'Oro. Un bon plan pour les fauchés, qui y trouveront les produits de base italiens à un prix nettement plus avantageux qu'en France, en particulier les pâtes De Cecco et la pâte d'olives en pot. Pensez aussi aux garnitures à base de tomates ou de basilic, aux *crostini*, aux *grissini* et aux douceurs aux amandes. Bref, de quoi faire un repas « retour de Venise » !

Rio Terrà Santi Apostoli, 4612/E
• Ⓥ Ca' d'Oro • ☎ 041 241 05 03
• T.l.j. 9h-22h.

JULY
Mode femme ⑨④ Plan C2

Enfin un magasin de prêt-à-porter moderne, original et abordable à Venise ! La sélection joue avec les codes de l'élégance pour proposer un dressing jeune et cool. Robes légères, trenchs brodés, tee-shirts imprimés (env. 50 €) et aussi une sélection de très beaux sacs en cuir (à partir de 80 €).

Fondamenta della Misericordia, 2502
• Ⓥ Orto • ☎ 338 711 58 15
• Mar.-sam. 10h-13h et 15h30-19h30.

Les îles de la Giudecca et San Giorgio Maggiore (Quartier 15 - p. 94)

CARTAVENEZIA
Papeterie ⑮ Plan B5

Le papier qui sert de base au travail de cet artisan établi dans l'ancien cloître Santi Cosma e Damiano est épais et brut. Il le façonne pour en faire des moulages, des appliques, des mobiles, des cadres photo mais aussi des enveloppes (de 3 à 12 € pièce) et des marque-pages (12 €). Aucun coloris ou très peu, le beige très clair est la marque de fabrique de cette adresse qui existe depuis seize ans.

Campo San Cosmo (Giudecca) 621/F • Ⓥ Palanca • ☎ 041 524 12 83 • www.cartavenezia.it • Sur r. v. uniquement.

Showroom Fortuny

SHOWROOM FORTUNY
Tissus et déco ⑯ Plan A5

Le tissu le plus réputé de la lagune dispose d'un showroom à la hauteur de son prestige ! N'hésitez pas à sonner à l'immense porte sombre pour pénétrer dans cet univers feutré et écouter l'histoire de ce fabricant de tissu, tout en admirant les pièces de la collection dans un petit salon. En plus des tissus, des accessoires de maison en porcelaine de Limoges, dont l'une des pièces les plus populaires est la bougie reprenant le plissé et le motif Fortuny avec un liseré d'or 24 carats (130 €). Les ateliers, situés au même endroit, sont invisibles pour préserver les secrets de fabrication.

Fondamenta San Biagio, 805 • Ⓥ Palanca • ☎ 393 825 76 51 • www.fortuny.com • Lun.-dim. 10h-13h et 14h30-18h (f. sam.-dim. nov.-avr.).

VOIR AUSSI :

Legatoria Barbieri | p. 94 | ⑰ Plan B5

L'île de Murano (Quartier 16 - p. 98)

LALY MURANO

Verre de Murano (98) Carte p. 98

Plusieurs de ces boutiques sont disséminées sur l'île, présentant le travail des artisans de la coopérative de Murano. Perles de verre (de 1 à 8 €), bouchons de bouteille (12 €), porte-sac à main, vases, cendriers... Les objets sont certes classiques mais surtout, ils sont fabriqués localement et vendus à des prix abordables.

Fondamenta dei Vetrai, 38
• Ⓥ Murano Colonna • ☎ 041 739 748
• T.l.j. 10h-17h.

ELLE ELLE MURANO - NASON MORETTI

Verre de Murano (99) Carte p. 98

C'est la vitrine la plus poétique de Murano, avec sa série de verres Soffio suspendus comme des ballons remplis d'eau ! Comptez 79 € pour un mini-Antares, d'un vert de rêve, et entre 228 et 336 € pour la série Idra Set, fruit de la collaboration du designer Stefano Marcato et du verrier Nason Moretti.

Fondamenta Manin, 52
• Ⓥ Murano Colonna • ☎ 041 527 48 66
• www.elleellemurano.com
• Lun.-sam. 10h30-13h et 14h-18h.

DAVIDE PENSO

Bijouterie (100) Carte p. 98

De jeunes artisans fabriquent ici des bijoux contemporains et donnent des cours, si cela vous intéresse ! Colliers à partir de 80 € et jolies boucles d'oreilles à partir de 20 € pour des cadeaux originaux et à prix raisonnables.

Fondamenta Riva Longa, 48
• Ⓥ Murano Museo • ☎ 041 527 46 34
• www.davidepenso.com • T.l.j. 10h-18h.

RENO SCHIAVON GALLERY

Bijouterie (101) Carte p. 98

Les Schiavon travaillent le verre de Murano depuis six générations. Reno applique des techniques traditionnelles à des créations modernes, réalisant des bijoux inventifs aux formes originales et aux couleurs chatoyantes : ici, un collier aux perles coccinelles, un crocodile décoratif ; là, de très beaux vases. Bijoux simples à partir de 30 €. Comptez 700 € pour un collier vraiment spécial.

Davide Penso

Fondamenta dei Vetrai, 39-41
• Ⓥ Murano Colonna • ☎ 041 527 45 07
• T.l.j. 10h-18h.

BAROVIER & TOSO

Verre de Murano (102) Carte p. 98

Dans le showroom, sont présentées des œuvres de grands artistes et designers italiens, que vous aurez tout le loisir d'admirer et peut-être même d'acheter... À partir de 1 000 €.

Palazzo Contarini, Fondamenta Vetrai, 28 • Ⓥ Murano Colonna
• ☎ 041 73 90 49 • www.barovier.com
• Lun.-ven. 9h15-12h30 et 13h-17h30 (f. août et fin déc).

Les îles de Burano, Mazzorbo et Torcello (Quartier 17 - p. 104)

I COLORI DI BURANO

Tableaux (103) Carte p. 104

Véritable ode aux couleurs de Burano, les toiles vendues ici sont réalisées par le propriétaire des lieux. Elles représentent les maisonnettes colorées de Burano, avec le linge suspendu aux fenêtres reproduit en miniature grâce à de petits bouts de tissu. Il fabrique aussi des poupées en bois et des chevaux en laine à monter et à peindre soi-même. Et dans un coin, vous découvrirez des lots de 20 photos en noir et blanc vendues 5 €, que son père avait achetées en trop grande quantité il y a... 70 ans !

Via S. Mauro, 273 • Ⓥ Burano
• ☎ 339 667 04 09 • Horaires variables.

Avant d'acheter de la dentelle à Burano...

Allez visiter le musée de la Dentelle tout proche (voir p. 106) pour apprécier ce qui se fait de mieux dans l'art du *merletto* vénitien. Faites ensuite le tour des boutiques de l'île en gardant la tête froide : si le prix est alléchant alors que la proportion de broderie sur le linge est importante, vous avez plus d'un risque sur deux d'acquérir du made in Taïwan... Regardez attentivement les pièces sous toutes les coutures et cherchez leur origine !

• (104) **Emilia**
Piazza Galuppi, 205 (voir carte p. 104) • Ⓥ Burano • ☎ 041 73 52 45
• www.emiliaburano.it • T.l.j. 10h-18h30.

• (105) **Martina Vidal**
Calle San Mauro, 307 et 309 (voir carte p. 104) • Ⓥ Burano
• ☎ 041 73 55 23 • www.martinavidal.com • T.l.j. 9h30-18h.

Carnet

PRATIQUE

Retrouvez toutes nos adresses localisées sur les cartes et plans grâce à un numéro coloré.

56	35	28
Restos	Bars	Boutiques

Le numéro renvoie à sa notice détaillée dans le chapitre concerné.

QUAND PARTIR ?

En hiver, la côte adriatique est fréquemment balayée par un vent froid, la Bora, et un air glacial peut descendre des Alpes voisines accompagné de neige. Si vous séjournez dans la cité des Doges pendant le **Carnaval,** pensez à prendre des vêtements chauds et imperméables. Il pleut beaucoup à Venise, parfois jusqu'à la fin du printemps. L'hiver peut être marqué par l'***acqua alta*** (voir p. 82), qui rend la ville assez difficile d'accès. La **meilleure saison** pour découvrir Venise se déroule **de fin avril à fin juillet** : températures douces, temps plus sec et longues journées rendent le séjour très agréable, tout comme l'automne, **de septembre à novembre.** En revanche, **le mois d'août n'est pas l'idéal.** En cause, l'affluence de touristes, l'invasion d'insectes (les moustiques notamment apprécient l'humidité des canaux) et de mauvaises odeurs parfois liées aux eaux saturées de la lagune.

POUR Y ALLER

EN AVION

Les compagnies aériennes **Air France** et **Alitalia** proposent des vols quotidiens au départ de Paris-Charles-de-Gaulle et de Lyon.
Renseignements et réservations : www.airfrance.fr, www.alitalia.com
Plusieurs compagnies *low cost* desservent Venise. Les prix varient, selon les dates, entre une dizaine d'euros et 200 € environ. Attention, possibles restrictions de bagages !
La compagnie **Easyjet** propose des vols à partir des aéroports d'Orly, Paris-Charles-de-Gaulle, Bordeaux, Lyon et Nice.
Renseignements et réservations : www.easyjet.com
La compagnie **Transavia** dessert Venise-Marco Polo à partir de l'aéroport d'Orly et de Nantes.
Renseignements et réservations : www.transavia.com
La compagnie **RyanAir** dessert l'aéroport de Trévise (40 km N de Venise) depuis Beauvais.
Renseignements et réservations : www.ryanair.com

EN TRAIN

Trenitalia
La compagnie nationale italienne relie de jour comme de nuit Venezia-Santa Lucia et Nice ou Monaco. Réservez à l'avance, le prix sera plus avantageux.
Renseignements et réservations : ☎ 89 20 21 (depuis l'Italie) • www.trenitalia.com

Thello

Départ quotidien de Paris-Gare de Lyon à 19h14, arrêt à Dijon pour prendre des voyageurs à 21h57 et arrivée à Venezia-Santa Lucia à 9h35. Les prix commencent à 35 € la couchette en compartiment de 6 personnes, 55 € en compartiment de 4. On peut aussi faire le voyage en Thello de jour depuis Marseille, avec un changement à Milan.

Renseignements et réservations : www.thello.com

Venice Simplon Orient-Express

Ce train luxueux de style Belle Époque relie Paris-Gare de l'Est à Venezia-Santa Lucia en 20h environ (départ à 21h58, arrivée à 18h25). Il circule d'avril à novembre, du jeudi au dimanche. Comptez 2 090 € l'aller simple en pension complète. Un forfait Échappée romantique (de 3 325 à 3 945 € selon la catégorie d'hôtel souhaitée et la saison) inclut 2 nuits sur place, l'aller en train et le retour en avion.

Renseignements et réservations : ☎ 0800 913 079, • www.belmond.com/fr/venice-simplon-orient-express

FORFAITS ET TOUR-OPÉRATEURS

Les voyagistes et les « séjours dégriffés » sur Internet proposent des formules week-end de 2, 3 ou 4 jours incluant le vol (ou le train) et l'hôtel, de 2 à 4 étoiles. L'avantage : vous n'avez pas à vous préoccuper des réservations, et leurs tarifs négociés sont moins élevés que les prix publics. Et si c'était l'occasion de séjourner dans un hôtel de luxe à prix cassé ? Dans les forfaits, soyez vigilant sur l'horaire des vols : un départ très tard et un retour très tôt peuvent sévèrement écourter un week-end.

DORMIR À VENISE

QUEL TYPE D'HÉBERGEMENT ?

Venise offre un large choix d'**hôtels**, **rarement bon marché** (voir « Et le budget ? » p. 210), qu'il faut **réserver longtemps à l'avance** pour être sûr d'avoir une place et de bénéficier des meilleurs prix (2 mois environ et jusqu'à 6 mois pour un séjour au moment du Carnaval). Les hôtels classiques, de 2 ou 3 étoiles, sont installés au bord de *rio* romantiques ou sur des *campi* pleins de charme. Ils affichent souvent un côté

Adresses utiles à Paris

Consulat général d'Italie
5, bd Émile-Augier, 75116 Paris • ☎ 01 44 30 47 00 • www.consparigi.esteri.it • Lun.-mar. et jeu.-ven. 9h-12h, mer. 9h-12h et 14h30-16h30.

Office national italien de tourisme (Enit)
23, rue de la Paix, 75002 Paris • ☎ 01 42 66 03 96 • www.enit.it • Lun.-ven. 11h-16h45.

Préparer son week-end sur le Net

- **www.turismovenezia.it** (anglais, italien) est le site de l'office de tourisme de Venise. Il contient de nombreuses informations touristiques générales.
- **www.venicexplorer.com** (français) rassemble des infos générales sur la ville et propose, grâce à des cartes précises, de localiser un établissement ou de repérer une ruelle. Très pratique.
- **www.unospitedivenezia.it** (anglais, italien) donne des infos pratiques, les dates des concerts, l'actualité culturelle.
- **www.veneziaunica.it** (italien, anglais). Transports, visites, Tourist City Pass, événements... Un site complet.
- **www.culturaspettacolovenezia.it** (italien) est le site de la ville de Venise consacré à l'actualité culturelle.
- **www.e-venise.com** est l'excellent site de deux Français passionnés par leur ville d'adoption : histoire, monuments, musées... Une mine d'infos !

délicieusement suranné et une déco très vénitienne (ors, miroirs, lustres, tissu mural et stuc). Nous avons sélectionné des **hôtels de charme,** installés dans des palais ou de belles demeures, mais aussi des hôtels plus accessibles, dont une **maison d'hôtes** gérée par des religieuses *(foresteria)* et une **auberge de jeunesse** (voir notre sélection d'adresses p. 213-217). Évitez de prendre un hôtel sur l'île du Lido, vous perdriez du temps dans les transports.
La **location d'appartement,** comme alternative à l'hôtel, est **en plein essor à Venise**. Des agences spécialisées et francophones vous proposent de beaux appartements, pour au moins de 2 personnes. Faire le marché et cuisiner dans « votre maison d'un week-end », voilà comment se sentir vénitien !

RÉSERVATIONS

Hôtels

Pour trouver celui qui vous convient, contactez l'office du tourisme ou l'**Associazione Veneziana Albergatori** (Association d'hôteliers vénitiens) :
Palazzo Fontana • ☎ 041 522 80 04
Et n'hésitez pas à comparer les prix sur les sites généralistes de réservation en ligne : **www.booking.com**, **www.hotels.com** ou **www.lastminute.com**

Locations d'appartements

Regardez la sélection d'appartements à louer sur le site de l'office du tourisme **(www.turismovenezia.it)** ou auprès de l'organisme **Casa d'Arno** à Paris (☎ 01 44 64 86 00, www.casadarno.com).

Le réseau **BBItalia** propose une offre complète (☎ 06 94 80 67 01, www.bbitalia.it, mar.-ven. 9h-13h). Enfin, les sites devenus très populaires comme **Wimdu, Airbnb** ou **Homelidays** vous permettent d'entrer en relation avec des particuliers louant leur appartement ou une chambre à des prix très abordables.
Quelques agences que nous vous recommandons :

Venise Je t'aime
Gérée par deux Français, Florence et Hugues, qui connaissent la ville comme leur poche. Beaux appartements et quelques chambres chez l'habitant, à partir de 95 € la nuit : **www.venisejetaime.com**

Lotus Apartment
Des appartements de charme répartis dans toute la ville : **www.lotusapartmentsvenice.com**

Luxrest Venice
Accueil francophone par une équipe de Vénitiennes qui vous accompagneront dans vos réservations et vous feront découvrir une autre image de Venise : **www.luxrest-venice.com/en/apartments_accommodation_venice**

TARIFS

Les hôtels sont chers à Venise, et les tarifs ne correspondent pas toujours au niveau de confort et de service attendu. **Les prix peuvent passer du simple au quadruple lors de grands événements** (Carnaval, Biennale d'art contemporain, Mostra, fêtes de Noël).

SE DÉPLACER

DE L'AÉROPORT AU CENTRE-VILLE

Si vous atterrissez à l'aéroport de Trévise, un bus ATVO vous conduira piazzale Roma en un peu plus de 1h (12 € le ticket). Informations sur place.

L'aéroport Marco Polo est à une douzaine de kilomètres sur la *terra ferma*, au nord-est de Venise. Pour rejoindre San Marco, plusieurs possibilités :

En bus
• **Le 5-Aerobus** (compagnie ACTV) rejoint en 20 min le piazzale Roma (A3). Départ toutes les 15-30 min selon la saison et le moment de la journée. Comptez 8 €.
• **Le bus 35** (compagnie ATVO) suit le même trajet que le bus 5. Même fréquence. Comptez 8 €.
Une fois arrivé au piazzale Roma, prenez le *vaporetto* pour rejoindre votre hôtel, ou comme des centaines de personnes chaque jour... marchez !

En bateau
Les bateaux Alilaguna desservent les îles de la lagune.
• Empruntez la ligne **« Arancio »** (orange) pour les stations du Grand Canal (Guglie, S. Stae, Rialto, S. Angelo, Ca' Rezzonico) jusqu'à San Maria del Giglio

(7h45-0h20 depuis l'aéroport, 6h01-23h03 depuis San Maria del Giglio). Le matin et le soir, quelques bateaux poussent jusqu'à San Marco.

• Préférez la ligne **« Blu »** (bleue) pour rejoindre les stations Murano, Fondamenta Nuove, S. Zaccaria, S. Marco et Zattere (6h15-0h40 depuis l'aéroport, 3h50-22h50 depuis San Marco).

• La ligne **« Rossa »** (rouge) dessert directement le Lido. Comptez 1h15 pour rallier San Marco. Départ toutes les 30 ou 60 min selon le moment de la journée. Pour aller de l'aéroport à l'embarcadère, comptez huit bonnes minutes à pied (suivez l'indication *darsena*, « bassin » en français).

Vous pouvez acheter votre billet aller-retour moins cher sur les sites de **Venezia è Unica** et d'**Alilaguna** (25 €) avant votre départ. Une fois à l'aéroport, rendez-vous au bureau Alilaguna, muni du code personnel reçu lors de la transaction, pour retirer votre titre ; vous pouvez aussi vous procurer un ticket aux guichets du terminal Arrivée (à gauche en sortant de la douane) ou encore le prendre à bord du bateau (15 € le trajet ; 27 € l'aller-retour).

Infos, horaires et billets : www.alilaguna.it ou www.veneziaunica.it

Renseignements aéroport : ☎ 041 260 92 60 • www.veniceairport.it ou www.hellovenezia.it

En taxi

Les ***taxi acquei*** sont le moyen le plus rapide de rejoindre Venise. Le trajet de l'aéroport au Ponte dell'Accademia, par exemple, coûte 110 € pour 1 à 4 personnes, 130 € pour 6 personnes (tarifs officiels).

L'ARRIVÉE PAR LE TRAIN

C'est un grand moment ! La gare Venezia-Santa Lucia (ne pas descendre à Venezia-Mestre !) se trouve au bord du Grand Canal. De la station Ferrovia, les *vaporetti* 1, 2, 3, 4.1 et 5.1 rejoignent la piazza San Marco en 30 min environ (7,50 € le billet, 75 min).

SUR PLACE

Toutes les îles sont bien desservies en bateau, mais à Venise même, pas si grande après tout, le moyen le plus simple est souvent... la marche ! Les adresses ne sont pas toujours très précises, mais il est tout de même facile de se repérer (voir encadré p. 206). Le Plan général de la ville situé à la fin de ce guide vous aidera également à vous y retrouver !

Les rues de Venise

Une rue n'est pas toujours une *calle*. Selon sa géographie, sa forme, son histoire... le vocable change. Ainsi une *calle* devient *fondamenta* quand elle longe un canal, *piscina* lorsqu'elle abritait autrefois une citerne ou un bassin, *ramo* quand elle est coudée. Un *rio terrà* signifie que vous marchez

Trouver une adresse

À Venise, le système de numérotation est particulier : chacun des 6 *sestieri* (les quartiers de la ville) a son propre système de numérotation. Pour indiquer une adresse, on donne donc le nom du quartier, suivi d'un numéro, généralement composé de quatre chiffres. Il vaut mieux avoir d'autres points de repères pour se retrouver, c'est pourquoi nous vous indiquons toujours le nom des rues *(calle)* ou des places *(campi)*, en plus du numéro. Les Vénitiens s'aident aussi des églises ou des ponts avoisinants pour localiser un lieu. Il existe un site pour se repérer à partir des adresses administratives, entrez simplement le numéro : **www.venexian.com/stradario**

sur un ancien canal, aujourd'hui comblé, une *ruga* est une rue commerçante, une *salizzada* une rue pavée, un *sottoportigo* un passage couvert...

En bateau

Vous pouvez emprunter le *vaporetto* ou le *motoscafo*. Le premier est gros, assez lent, et offre de belles échappées sur Venise depuis son pont. Le second est bas sur l'eau, plus rapide, et son pont exigu. Vous l'utiliserez pour aller dans les îles de la lagune (Murano, Burano et Torcello). La *motonave*, sorte de paquebot-ferry, dessert seulement les parties de Venise où les voitures ont le droit de circuler (Lido).

- **Les lignes centrales (1, 2 et N)** empruntent le Grand Canal aller-retour.
- **Les lignes 4.1, 4.2, 5.1 et 5.2,** dites « circulaires », font le tour de Venise, certaines passant par les îles de la Giudecca, du Lido ou de Murano.
- **Les lignes lagunaires (3, 9, 11, 12, 13, 14 et 20)** desservent les îles « mineures » : San Lazzaro, San' Erasmo, Burano, Mazzorbo, Torcello, Chioggia... **La 7** relie San Marco et Murano directement.
- **La ligne 6** dessert l'île du Lido via le Canale della Giudecca.

À savoir : un numéro barré indique que le *vaporetto* n'effectue qu'une partie du trajet de la ligne.

Les horaires

En général, **les *vaporetti*, *motoscafi* et *motonavi* fonctionnent de 5h à minuit.** Entre 7h et 21h, le temps moyen d'attente est de 10 à 20 min.

La ligne N (comme nocturne) relie entre elles les îles de Venise, de la Giudecca et du Lido, en passant par le Grand Canal. Un bateau par heure, jusqu'à la reprise du service.

Pour plus d'informations, consultez le bimensuel gratuit *Un Ospite di Venezia* ou le Plan de *Leo Bussola,* distribué partout.

Le prix des billets

Le site **Venezia Unica** propose des billets forfaitaires donnant un accès illimité aux transports en commun. Vous avez le choix entre 6 tickets plus ou moins chers en fonction de la durée de validité et de la saison. Tarifs standards : 1 j. (20 €), 2 j. (30 €), 3 j. (40 €), 7 j. (60 €). Le principe est le même que pour un billet aller-retour à partir de l'aéroport Marco Polo (voir p. 205).

Pour plus de renseignements : www.veneziaunica.it

Les tickets à l'unité s'achètent aussi dans les stations importantes, dans les kiosques et les tabacs arborant le sigle ACTV. Le prix est toutefois un peu plus élevé : 4 € pour un aller, 7 € pour 1h. Pour Burano, voir p. 105.

Pour toute info :

☎ 041 24 24 • www.hellovenezia.it ou www.actv.it (italien et anglais).

CheBateo, l'appli des transports vénitiens

Pour vous y retrouver parmi les nombreuses lignes de *vaporetti* et les horaires pas toujours clairs, vous pouvez télécharger cette application gratuite qui vous indiquera quelles lignes emprunter pour aller d'un arrêt à un autre, mais aussi le nombre d'arrêts et la durée du voyage. Bonus, l'appli est disponible en français et en... vénitien !

chebateo.it • Disponible sur Android, Windows et Apple.

Les *traghetti* en gondoles

À bord de ces gondoles, debout et pour 2 €, vous pouvez passer d'une rive à l'autre du Grand Canal :

- de Santa Sofia à Pescaria (lun. ven. 7h30-19h, sam.-dim. 9h-19h) ;
- de San Tomà à la calle Garzoni (lun.-ven. 7h30-19h, sam.-dim. 8h30-19h) ;
- de Giglio à la Fondazione Peggy Guggenheim (t.l.j. 9h-18h).

La gondole

Le tarif officiel est de 80 € les 30 min pour 6 personnes maximum, 100 € après 19h. Plus encore avec chanteur. Trois conseils : allez à l'une des 11 stations de gondoles (ne vous laissez pas alpaguer dans la rue par un rabatteur, criant un joyeux « *gondola, gondola !* »), fixez le prix avant et marchandez, surtout hors saison.

Taxi acquei

Dans le centre historique, une petite frime à bord de ces hors-bord en bois verni vous coûtera 60 € minimum du piazzale Roma à San Marco. Les tarifs sont très variables selon le parcours et le taxiste... Essayez de négocier. Demandez à l'hôtel le téléphone de la borne la plus proche, ou appelez par exemple ☎ 041 522 23 03, ☎ 041 723 009 ou ☎ 041 522 12 65. Si vous préférez l'indépendance, vous pouvez toujours louer un bateau à moteur ou un hors-bord, avec ou sans chauffeur (Noleggio Barche Brussa, fondamenta de Ca' Labia, 331,

Venise gratuit

• La **Settimana della Cultura,** organisée chaque année à la mi-avril par le ministère de la Culture, permet de découvrir gratuitement, pendant 9 jours, musées et monuments nationaux ou municipaux. Au programme : les Gallerie dell'Accademia, la Galleria Franchetti à la Ca' d'Oro, le Palazzo Grimani...
Renseignements : ☎ 800 99 11 99 (nº Vert, service disponible en anglais, lun.-ven. 9h-17h30) • www.beniculturali.it

• La **Nuit de l'art à Venise** (Art Night Venezia) : le temps d'une nuit, le public prend possession des églises, musées, palais et galeries de la ville pour des dizaines de lectures, expositions et concerts gratuits.
Programme sur : www.artnight.it

• Le premier dimanche de chaque mois, les Musei Civici sont entièrement gratuits dans le cadre de l'opération **Domenica al museo.**
Programme sur : www.beniculturali.it/domenicalmuseo

plan A2/B2, Ⓥ Guglie, ☎ 041 71 57 87, www.brussaisboat.it).

Louer une voiture

Pour louer une voiture, adressez-vous aux agences traditionnelles, à l'aéroport :
Avis : ☎ 041 541 50 30 • www.avis.fr
Hertz : ☎ 041 541 60 75 • www.hertz.fr

À VOIR. À FAIRE

CENTRES D'INFORMATIONS TOURISTIQUES

Ils sont **ouverts tous les jours de 9h30 à 18h30** (horaires variables selon les saisons) et installés au Palazzetto (près des Giardini Reali, entre Vallaresso et San Marco), place Saint-Marc (vers le Museo Correr, f. à 15h30), sur le piazzale Roma, à la gare, à l'aéroport et au Lido (via Santa Maria Elisabetta, 6/A, ouv. seulement en haute saison). **Pour toute info**
☎ 041 529 87 11 • www. turismovenezia.it

HORAIRES

Musées et monuments

Les horaires étant soumis à variations, consultez *Un Ospite di Venezia*, distribué dans la plupart des hôtels. D'une manière générale, **les grands monuments et musées ouvrent de 9h ou 10h jusqu'à 17h ou même 18h, les petits musées et les musées privés de 9h à 13h.** Le jour de fermeture est souvent le lundi, mais pas toujours...
En général, musées et monuments sont **fermés le 1er janvier, le 1er mai et le 25 décembre.**

Églises

Les horaires sont encore plus irréguliers que pour les musées.

L'entrée est payante (entre 2 et 4 €). Les églises importantes sont ouvertes du lundi au samedi de 10h30 à 16h30 (16h le lundi). Les autres sont ouvertes tous les jours jusqu'à 12h puis de 16h30 à 19h. Certaines n'ouvrent qu'à l'heure de la messe ou restent toujours fermées. Shorts et épaules découvertes sont interdits dans les églises.

LES *PASS* VISITES

Tourist City Pass

C'est **LE *pass* économique** (39,90 €, 29,90 € pour les moins de 30 ans) et coupe-file pour visiter les principaux musées et monuments de la ville. Valable 7 jours, il permet l'accès gratuit à la **Fondazione Querini-Stampalia,** au **Museo Ebraico** et surtout aux **16 églises Chorus** (voir plus loin) ainsi qu'à une dizaine de **musées municipaux** (Musei Civici Veneziani) : palais des Doges, Museo Correr, Museo Archeologico, Biblioteca Nazionale Marciana, Torre dell'Orologio, Ca Rezzonico, Palazzo Mocenigo, Casa di Carlo Goldoni, Galleria Ca' Pesaro et son Museo d'Arte Orientale, Museo Fortuny, Museo del Vetro de Murano, Museo del Merletto de Burano et Museo di Storia Naturale.

Museum Pass et Musei di Piazza San Marco

• Valable 6 mois, le **Museum Pass** (32,40 €, tarif réduit 26,40 €) permet l'accès aux **musées municipaux** (sauf la Torre dell'Orologio et le Museo Fortuny).

• Le billet **Musei di Piazza San Marco,** valable 3 mois (19 €), donne accès aux **musées de la place Saint-Marc** : palais des Doges, Museo Correr, Museo Archeologico et salles monumentales de la Biblioteca Nazionale Marciana.

Visites insolites

Écrivain et journaliste, le Vénitien Alberto Toso Fei est l'auteur de *Légendes vénitiennes et histoires de fantômes, Les Secrets du Grand Canal* ou *The Ruyi Venice* (chasse aux trésors ; disponibles en anglais et en français dans les librairies de la ville). On s'y plonge avec plaisir pour une découverte inédite et troublante de la Sérénissime. Consultez le site **www.albertotosofei.it**

De leur côté, les guides de Venise, regroupés en association, proposent des itinéraires thématiques : Venise et les étrangers, Grands peintres de Venise, Venise secrète, etc. Comptez 135 € la demi-journée pour un guide individuel. Point de rendez-vous selon l'itinéraire, visites dans toutes les langues.

Renseignements et réservations : ☎ 041 520 90 38 • www.guidevenezia.it

Pensez-y

Formalités

Pour les citoyens d'un pays de l'Union européenne, une carte d'identité en cours de validité suffit. Pour les ressortissants d'autres pays, un passeport valide est exigé, et parfois un visa.

Les enfants mineurs, non accompagnés de l'un de leurs parents doivent, en outre, être en possession d'une autorisation de sortie du territoire (formulaire à télécharger sur : www.service-public.fr/particulier/vosdroits/F1359).

Santé

Pensez à vous procurer la **carte européenne d'assurance maladie** (valable 2 ans) auprès de votre centre de Sécurité sociale ou sur www.ameli.fr. À votre retour, vous aurez droit au remboursement des frais médicaux que vous pourriez engager en Italie.

Douane

Il n'y a pas de limitation douanière entre les pays de l'Union européenne, sauf pour le tabac et l'alcool. L'exportation illicite d'antiquités est évidemment interdite. Pour le reste, vous n'aurez aucune déclaration à faire lors de votre sortie d'Italie.

Pour plus d'informations, contactez l'Office des douanes de Venise : ☎ 041 877 31 11.

Vous pouvez acheter ces deux *pass* sur **www.veneziaunica.it** Lors de votre visite, présentez-vous à la billetterie « accès réservé » et montrez la preuve d'achat (comportant un numéro et un code-barres) pour obtenir votre billet d'entrée.

Pour plus de renseignements : www.visitmuve.it

Le *pass* Chorus

Le *pass* Chorus permet de découvrir les **16 églises vénitiennes** dont l'association Chorus assure la valorisation et la sauvegarde. Parmi elles, la Chiesa del Redentore, la Chiesa Santa Maria del Giglio, la Basilica Santa Maria dei Frari et la Chiesa San Sebastiano. Valable 1 an, le *pass* s'achète dans l'une de ces églises ou auprès de l'office de tourisme (12 € par personne, 8 € pour les moins de 30 ans, 24 € pour une famille).

Pour plus de renseignements : www.chorusvenezia.org

ET LE BUDGET ?

Entre le *vaporetto* (7,50 €), l'entrée des églises (entre 2 et 4 €) et des musées (entre 6 et 15 €), l'absence

Bon à savoir

Heure locale

Vous vivrez à Venise à la même heure qu'en France, hiver comme été.

Voltage

Les prises sont de type 220 V alternatif, avec des fiches à deux broches dont la taille et l'écartement sont parfois différents des nôtres.

Téléphone et Internet

Pour **téléphoner en France depuis Venise,** composez le 00 33 et les 9 chiffres de votre correspondant (sans le 0). Pour **téléphoner à Venise depuis la France,** composez le 00 39 + 041 (indicatif de Venise) et le numéro de votre correspondant. **Appels à Venise :** composez le numéro de votre correspondant, avec l'indicatif.

Depuis juin 2017, les **frais d'itinérance** (*roaming*) ne sont plus facturés par votre opérateur lors de vos voyages au sein de l'Union européenne. Vos communications (appels, SMS, MMS) et votre connexion Internet en Italie sont désormais incluses dans votre forfait. Attention, des surcoûts peuvent toutefois continuer à s'appliquer. Ainsi pour Internet, des plafonds de consommation ont été fixés. En outre, la nouvelle réglementation européenne ne s'applique qu'en cas de déplacement : lorsque vous préparez votre voyage, vos appels et messages depuis votre pays de résidence vers l'étranger restent surtaxés. **Renseignez-vous auprès de votre opérateur.** Pour plus d'infos : http://europa.eu/youreurope/citizens/consumers/telecoms-internet/mobile-roaming-costs/index_fr.htm

La **connexion Internet** est **gratuite**, via le Wifi, sur la place Saint-Marc.

Poste

Les timbres s'achètent dans les tabacs ou les bureaux de poste. Les boîtes aux lettres sont rouges (courrier national et international), parfois bleues (courrier international). Bureaux de poste :

• Calle del Spezier, 233D (plan B2) • Ⓥ Ferrovia • Lun.-ven. 8h15-13h35, sam. 8h20-12h35 • Campo San Polo, 2012 (plan B3) • Ⓥ San Tomà • Lun.-ven. 8h25-13h35, sam. 8h20-12h35.

Adresses et n° utiles

• Informations touristiques ☎ 041 24 24 • Informations aéroport ☎ 041 260 92 60 • Consulat de France : Palazzo Morosini, Ramo del Pestrin, 6140 (plan D3) Ⓥ Rialto ☎ 041 522 43 19 • Objets perdus aéroport : ☎ 041 260 92 22 • Objets perdus gare : ☎ 041 78 55 31 • Urgences Ospedale Civile : Campo Santi Giovanni e Paolo, 6777 (plan I6) Ⓥ Rialto ☎ 041 529 41 11 • Police : ☎ 113 • Urgences : ☎ 118 • Gendarmerie : ☎ 112 • Incendie : ☎ 115.

de documents de visite au profit d'audioguides payants, les repas au restaurant (entre 25 et 40 €), l'hôtel (entre 100 et 150 € en moyenne la nuit en chambre double) et les cappuccinos (entre 2 et 6 €)... même si le sourire et la gentillesse des Vénitiens feront passer la pilule, il n'en reste pas moins que Venise est une destination chère. Toutefois, les glaces sont moins onéreuses qu'en France et le prix d'un dîner dans un *bacaro* ou une petite *osteria* reste raisonnable (15 €). Certains *pass* proposés par la ville peuvent aussi vous permettre de faire des économies (voir p. 209).

COMMENT PAYER ?

Cartes bancaires

L'Italie étant un pays de la zone euro, vous pouvez y effectuer vos retraits et paiements par carte (Visa, MasterCard, etc.) comme vous le feriez en France. Inutile d'emporter des sommes importantes en liquide. Tous vos paiements par carte sont gratuits et vos retraits sont soumis aux mêmes conditions tarifaires qu'en France (ils sont donc gratuits pour la plupart des cartes bancaires). Les règlements par carte sont majoritairement acceptés dans les hôtels, les restaurants, mais pas forcément dans les pensions et hôtels 1 ou 2 étoiles, ou les boutiques, de souvenirs notamment. Si cela arrive, vous pourrez toutefois retirer aisément à proximité.

Renseignez-vous auprès de votre banque avant de partir pour vous assurer que vos plafonds de retrait et de paiement à l'étranger sont activés et connaître les montants hebdomadaires autorisés.
Venise n'est pas une ville dangereuse, à part quelques classiques pickpockets dans les quartiers touristiques.

Perte ou vol de votre carte

En cas de perte ou de vol de votre carte à l'étranger, votre banque vous proposera des solutions adéquates pour que vous poursuiviez votre séjour simplement. N'oubliez pas, une carte peut être remplacée contrairement à des espèces.
Avant de partir, pensez à noter les 16 chiffres de votre carte bancaire qui vous seront demandés en cas d'opposition.

Numéros verts :

- **Visa : ☎ 800 819 014.**
- **Mastercard : ☎ 800 870 866.**
- **American Express : ☎ 06 72 900 347.**

Nos hôtels PAR QUARTIER

Du Museo Correr à La Fenice (Quartier 2 - p. 34)

LA FENICE ET DES ARTISTES

Près du Teatro La Fenice, sur un joli *campiello*, l'un des hôtels les plus agréables du quartier de San Marco.

Campiello della Fenice, 1936 (plan H8) • Ⓥ Giglio • ☎ 041 523 23 33 • www.fenicehotels.com • De 90 à 380 €.

FLORA

À deux minutes de la place Saint-Marc, un hôtel au décor un rien désuet mais doté de petites chambres calmes.

Calle larga XXII Marzo, 2283/A (plan H8) • Ⓥ Giglio • ☎ 041 520 58 44 • www.hotelflora.it • De 130 à 325 €.

ANTICA CASA COPPO

Cet hôtel familial, au calme et à deux pas du Museo Correr, offre 10 chambres douillettes.

Calle Coppo, 4320 (plan H7) • Ⓥ Vallaresso • ☎ 041 523 35 85 • www.anticacasacoppo.it • De 75 à 280 €.

MONACO E GRAND CANAL

Un palace sur le Grand Canal, avec vue sur la Chiesa della Salute et San Giorgio Maggiore.

Calle Vallaresso, 1332 (plan I8) • Ⓥ Vallaresso • ☎ 041 520 02 11 • www.hotelmonaco.it • De 175 à 690 €.

Monaco e Grand Canal

Autour du campo Santo Stefano (Quartier 3 - p. 42)

LOCANDA FIORITA

Une charmante *locanda* (une auberge) à côté du campo Santo Stefano. Les chambres sont calmes, bien équipées, récemment rénovées et meublées dans l'esprit XVIIe s.

Campiello Novo, 3457/A (plan H8/G8) • Ⓥ S. Angelo ou S. Samuele • ☎ 041 523 47 54 • www.locandafiorita.com • De 100 à 190 €.

Autour des Gallerie dell'Accademia (Quartier 6 - p. 52)

SEGUSO

Une pension pleine d'atouts (boiseries, lustres vénitiens, et même un jardin) dont les chambres, avec ou sans salle de bain, sont toutes charmantes. Coup de cœur.

Fondamenta Zattere ai Gesuati, 779 (plan B4) • Ⓥ Zattere
• ☎ 041 528 68 58
• www.pensioneseguso.com
• De 100 à 250 €, avec petit déj.

HOTEL AMERICAN DINESEN

Un charme suranné pour cet hôtel familial et chaleureux et ses 30 chambres de style vénitien, dont une douzaine avec vue sur le canal.

Hotel American Dinesen

Fondamenta de Ca' Bragadin, 628 (plan B4) • Ⓥ Accademia
• ☎ 041 520 47 33
• www.hotelamerican.it • De 80 à 410 €.

PENSIONE ACCADEMIA-VILLA MARAVEGE

Cette demeure du XVIIe s. est l'une des adresses les plus attachantes de Venise. Réservez assez tôt et évitez les chambres de l'annexe, bruyantes.

Fondamenta Bollani, 1058 (plan B4)
• Ⓥ Accademia • ☎ 041 521 01 88
• www.pensioneaccademia.it
• De 110 à 500 €.

LA CALCINA

Une pension de charme proche de l'Accademia et de la Fondazione Peggy Guggenheim. En saison, possibilité de prendre le repas sur la terrasse.

Fondamenta Zattere ai Gesuati, 780 (plan B4) • Ⓥ Zattere
• ☎ 041 520 64 66
• www.lacalcina.com
• De 150 à 390 €.

CA' PISANI

Entre les Zattere et l'Accademia, un hôtel design logé dans un palais du XIVe s. mais redécoré dans un style inspiré des années 1930 et 1940. Après une bonne journée de visite, rien de mieux qu'un moment de détente dans son solarium ou ses bains turcs.

Rio terrà A. Foscarini, 979/A (plan B4)
• Ⓥ Accademia ou Zattere
• ☎ 041 240 14 11
• www.capisanihotel.it
• De 130 à 720 €.

La pointe du Dorsoduro (Quartier 7 - p. 56)

SALUTE PALACE

Un grand coup de jeune a été donné à cette belle bâtisse du XVIe s. tout juste rénovée, qui propose des chambres confortables et meublées dans un style moderne. Certaines d'entre elles donnent sur le *rio*.

Fondamenta di Ca' Bala, 222 (plan C4)
• Ⓥ Salute ou Zattere
• ☎ 041 523 54 04
• www.hotelsalute.com
• De 250 à 500 €.

Du côté de la Ca' Rezzonico (Quartier 8 - p. 60)

HOTEL OLIMPIA VENICE

37 chambres, au bord d'un *rio*, décorées dans le plus pur style rococo. Jardin pour le petit déjeuner ou le farniente.

Fondamenta delle Burchielle, 395 (plan A3) • Ⓥ Ferrovia
• ☎ 041 71 10 41
• www.hotel-olimpia.com
• De 155 à 500 €.

CASA CABURLOTTO

Gérée par les religieuses, cette maison d'hôtes propose 64 chambres rudimentaires au-dessus d'un jardin ravissant. Un lieu idéal pour les familles.

Fondamenta Rizzi, 316 (plan A3)
• Ⓥ Piazzale Roma
• ☎ 041 71 08 77
• www.casacaburlotto.it
• Ouv. jusqu'à minuit • De 30 à 130 €.

HOTEL LOCANDA SAN BARNABA

Ce palais familial offre 13 chambres, toutes différentes, certaines avec fresque d'origine, d'autres avec vue sur le jardin ou sur un petit canal.

Calle del Traghetto, 2785-2786 (plan G8) • Ⓥ Ca' Rezzonico
• ☎ 041 241 12 33
• www.locanda-sanbarnaba.com
• De 120 à 215 €.

Du pont du Rialto à la Ca' Pesaro (Quartier 9 - p. 66)

AL PONTE MOCENIGO

Ce petit palais de style gothique, sur le Grand Canal, a été reconverti en un hôtel à la décoration soignée. Préférez les chambres à l'étage, hautes de plafond. Le petit déjeuner peut être servi en chambre.

Fondamenta Rimpeto Mocenigo, 2063 (plan G6) • Ⓥ S. Stae
• ☎ 041 524 47 97
• www.alpontemocenigo.com
• De 90 à 170 €.

Autour de la Basilica dei Frari (Quartier 10 - p. 70)

OLTRE IL GIARDINO

Coup de cœur pour cette demeure au milieu d'un joli jardin d'oliviers et de magnolias. Accueil discret et chaleureux, idéal pour les amoureux.

Fondamenta Contarini, 2542 (plan G7)
• Ⓥ S. Tomà • ☎ 041 275 00 15
• www.oltreilgiardino-venezia.com
• De 180 à 250 €.

Oltre il Giardino

La Riva degli Schiavoni et le pont des Soupirs (Quartier 11 - p. 74)

CASA PER FERIE PATRONATO SALESIANO LEONE XIII

Dans un quartier calme, cet institut religieux propose des chambres avec salle de bain dans un cadre plutôt moderne. Atmosphère familiale.

Calle San Domenico, 1281 (plan E4)
• Ⓥ Giardini
• ☎ 041 523 07 96
• www.salesianivenezia.it • 100 €.

HOTEL CA' FORMENTA

Des chambres spacieuses et confortables avec, pour certaines, une très belle vue sur le canal San Marco. Mention spéciale à la n° 203 pour sa terrasse.

Via Garibaldi, 1650 (plan E4)
• Ⓥ Arsenale • ☎ 041 528 54 94
• www.hotelcaformenta.it
• De 80 à 360 €.

ALBERGO DONI

À l'est de la place Saint-Marc, au calme du rio del Vin, cet hôtel familial propose 13 grandes chambres confortables (dont 4 avec salle de bain).

Calle del Vin, 4656 (plan D3)
• Ⓥ S. Zaccaria • ☎ 041 522 42 67
• www.albergodoni.it
• De 50 à 115 € sans w.-c., de 60 à 140 € avec w.-c.

LA RESIDENZA

Un superbe palais du XVe s. qui a gardé son décor d'origine (fresques des salons), le tout au calme sur un *campo* loin des foules. Les chambres ont été restaurées et modernisées.

Campo Bandiera e Moro, 3608 (plan D3)
• Ⓥ S. Zaccaria
• ☎ 041 528 53 15
• www.venicelaresidenza.com
• De 80 à 250 €.

Santa Maria Formosa (Quartier 13 - p. 84)

HOTEL CA' D'ORO

Un hôtel à l'écart des rues passantes, aux chambres spacieuses, et une jolie terrasse sur le toit. Petit déjeuner copieux.

Corte Barbaro, 4604 (plan H6) • Ⓥ Fondamenta Nuove ou Ca' d'Oro • ☎ 041 241 12 12 • www.venicehotelcadoro.com • De 70 à 200 €.

Le Cannaregio, le Ghetto et la Ca' d'Oro (Quartier 14 - p. 88)

MIGNON

Dans une ruelle, 15 chambres coquettes, tapissées rouge et or dans le style vénitien.

Calle dei Preti, 4535 (plan H6/I6) • Ⓥ Fondamenta Nuove ou Ca' d'Oro • ☎ 041 523 73 88 • www.mignonvenice.com • De 80 à 205 €.

DOMUS ORSONI

Cette demeure du XIXe s., avec jardin et terrasse, dispose de 5 chambres design, décorées de mosaïques contemporaines.

Fondamenta di Cannaregio, 1045 (plan A1) • Ⓥ S. Marcuola • ☎ 041 275 95 38 • www.domusorsoni.it • De 100 à 180 €.

EDEN

Après restauration, ce petit hôtel vénitien vient de rouvrir ses portes. Un style plus fonctionnel, un prix intéressant et dans un quartier où les *osterie* abondent.

Campiello Volto Santa, 2357 (plan B2) • Ⓥ S. Marcuola • ☎ 041 524 40 03 • www.htleden.com • De 70 à 200 €.

WE CROCIFERI

Une auberge de jeunesse à Venise ! Dans l'ex-couvent de l'église des Gesuiti, entre le *campo* et un petit canal, le cadre est propre et très bien restauré. Dortoirs, chambres partagées ou privées, sont toujours proposés avec le petit déjeuner, qu'on peut déguster sur la charmante terrasse.

Campo dei Gesuiti, 4872 (plan C2) • Ⓥ Fta. Nuove • ☎ 041 528 61 03 • www.we-gastameco.com • De 30 à 120 € selon saison ou la formule.

LOCANDA AI SANTI APOSTOLI

Cet hôtel 3 étoiles loge au cœur du Palazzo Michiel del Brusà, entre Strada Nova et Grand Canal. 10 chambres, une gestion familiale et un style très vénitien. Simple et idéalement situé, c'est la preuve qu'il n'y a pas que des palaces sur le Grand Canal...

Strada Nova, 4391 (plan H6) • Ⓥ Ca' d'Oro • ☎ 041 241 16 52 • www.locandasantiapostoli.com • Chambre double à partir de 90 €.

Lexique

FORMULES ET MOTS USUELS

À droite : ***a destra***
À gauche : ***a sinistra***
Assez : ***abbastanza***
Au revoir : ***arrivederci***
Avez-vous ? : ***ha ?***
Beaucoup : ***molto***
Bonjour : ***buongiorno***
C'est trop cher : ***è troppo caro***
Combien coûte ? : ***quanto costa ?***
Combien est-ce ? : ***quant' è ?***
De rien : ***prego***
Excusez-moi : ***scusi***
Fermé : ***chiuso***
Je ne comprends pas : ***non capisco***
Je veux : ***voglio***
Je voudrais : ***vorrei***
Je vous en prie : ***prego***
Madame : ***signora***
Merci : ***grazie***
Monsieur : ***signore***
Non : ***no***
Où ? : ***dove ?***
Oui : ***si***
Ouvert : ***aperto***
Pourquoi ? : ***perché ?***
Pouvez-vous me dire ? : ***può dirmi ?***
Puis-je voir ? : ***posso vedere ?***
Quand ? : ***Quando ?***
Quelle heure est-il ? : ***Che ora è ?***
Rien : ***niente***
S'il vous plaît : ***per favore***

À TABLE

Fromage : ***formaggio***
Fruits : ***frutta***
Gâteau : ***dolce***
Glace : ***gelato***
Hors-d'œuvre : ***antipasti***
L'addition, s'il vous plaît : ***il conto, per favore***
Menu : ***carta, lista***
Moutarde : ***senape***
Pain : ***pane***
Pâtes : ***pasta***
Poisson : ***pesce***
Repas : ***pranzo***
Salade : ***insalata***
Sel : ***sale***
Sucre : ***zucchero***
Veau : ***vitello***
Verre : ***bicchiere***

Les boissons
Bière : ***birra***
Café : ***caffè***
Café allongé : ***caffè lungo***
Café crème : ***cappuccino***
Chocolat : ***cioccolata (in tazza)***
Eau : ***acqua***
Eau gazeuse : ***acqua frizzante***
Jus de fruits : ***succo di frutta***
Thé : ***tè***

ADMINISTRATIF

Argent : ***denaro***
Banque : ***banca***
Boîte aux lettres : ***cassetta delle lettere***
Change : ***cambio***
Changer : ***cambiare***
Enveloppe : ***busta***
Poste : ***posta***
Téléphone : ***telefono***
Timbre-poste : ***francobollo***
Traveller's chèque : ***assegno turistico***

SHOPPING

Acheter bon marché : ***comprare a buon mercato***
Bague : ***anello***

LES VOYELLES

e n'est jamais muet, même en fin de mot.

u se prononce ou, même après g et q.

LES CONSONNES

c et g se prononcent comme en français devant a, o et u.
Mais :
ce = tché ; ci = tchi.
cia = tcha ; cio = tcho.
che = ké ; chi = ki.
chia = kia ; chio = kio ; chiu = kiou.

ge = dgé ; gi = dgi ; gio = djo ; giu = djou.

ghi = gui ; ghe = gué ; ghia = guia ; ghio = guio ; ghiu = guiou.

gli = li (mouillé) ; glie = lyé ; glia = lya ; glio = lyo ; gliu = lyou.

sce = ché ; sci = chi (sc devant a, o et u = sk) ; schi = ski ; sche = ské ; sciu = chou.

ENFIN

Le « r » doit toujours être bien roulé.

Les consonnes doubles doivent être accentuées.

Oubliez les sons nasaux (m et n sont toujours détachés).

L'accent tonique est le plus souvent situé sur l'avant-dernière syllabe.

Dans le lexique ci-dessus, il figure sur les lettres en gras.

Bijou : ***gioiello***
Bijoutier : ***gioielliere, orefice***
Boucle d'oreille : ***orecchino***
Boutique : ***negozio*** ou ***boutique***
Bracelet : ***braccialetto***
Broderie : ***ricamo***
Caisse : ***cassa***
Ceinture : ***cintura***
Cent grammes : ***un etto***
Chapeau : ***cappello***
Chaussettes (ou bas) : ***calzini***
Chaussures : ***scarpe***
Chemise : ***camicia***
Chemisier : ***camicetta***
Cher : ***caro***
Collant : ***collant***
Costume : ***vestito***
Cravate : ***cravatta***
Cuir : ***cuoio***
Dessin : ***disegno***
Disque : ***disco***
Écharpe : ***sciarpa***
Étiquette : ***etichetta***
Faire des achats : ***fare delle compere***
Faire une commande : ***fare un ordinazione***
Fin de série : ***scampoli***
Je peux voir ? : ***posso guardare ?***
Jogging : ***tuta da ginnastica***
Jouet : ***giocattolo***
Jupe : ***gonna***
Lingerie : ***intimo***
Livraison : ***consegna***
Livre : ***libro***
Magasin : ***magazzino***
Manteau : ***cappotto***
Mode : ***moda***
Mouchoir : ***fazzoletto***
Nappe : ***tovaglia***
Pantalon : ***calzoni, pantaloni***
Payer : ***pagare***
Peau : ***pelle***
Pointure : ***numero***
Polo : ***maglietta***
Portefeuille : ***portafogli***
Porte-monnaie : ***portamonete***
Prix : ***prezzo***
Pull-over : ***maglia***
Qualité : ***qualità***
Rabais : ***sconto***
Retouche : ***riparazione***
Robe : ***vestito***
Sac : ***borsa***
Sac à main : borsetta
Soie : ***seta***
Soldes : ***saldi*** ou ***liquidazione***
Solide : ***solido***
Soutien-gorge : ***reggiseno***
Supermarché : ***supermercato***
Taille : ***misura/taglia***
Talon (haut) : ***tacco (alto)***
Tarif : ***tariffa, listino dei prezzi***
Tissu : ***tessuto***
Velours : ***velluto***
Veste : ***giacca***

Mots clés

CRÉDIT PHOTOGRAPHIQUE

Toutes les photographies de cet ouvrage ont été réalisées par **Romain Boutillier**, à l'exception des suivantes :

© Patrice Hauser : p. 9 ht., p. 15, p. 25, p. 36, p. 43, p. 44, p. 63, p. 99, p. 100 b., p. 103, p. 113, p. 136, p. 138, p. 182, p. 216.

© John Keates/Hemis/Alamy : p. 71.

© Photothèque Hachette Livre : p. 41.

© Jérôme Plon : p. 2, p. 5, p. 11 b., p. 12 m. et b., p. 14, p. 16, p. 29, p. 33, p. 53, p. 57, p. 67,p. 68 ht., p. 77, p. 79, p. 81, p. 93 ht., p. 96, p. 105, p. 125, p. 134, p. 147, p. 157, p. 170, p. 173, p. 187, p. 191, p. 194, p. 213, p. 214.

© Lucie Tournebize : p. 3, p. 12 ht, p. 49, p. 51, p. 68 b., p. 90, p. 91, p. 107, p. 116, p. 121, p. 130, p. 158, p. 160, p. 174, p. 190.

© Shutterstock : Angelo Giampiccolo : p. 83 ht. ; ChiccoDodiFC : p. 75 ht ; Claudio Divizia : p. 45 ; Cosma : p. 143 ; Fedor Selivanov : p. 59 ; Jesus Fernandez : p. 93 b. ; Mariia Golovianko : p. 6 ht ; Marilyn D. Lambertz : p. 7 b. ; Neirfy : p. 8 b. ; Oscity : p. 76 ; Paul Brady Photo : p. 9 b. ; Renata Sedmakova : p. 72 ; RossHelen : p. 13 ht. ; s74 : p. 4 ; Yulia Grigoryeva : p. 83 b.

Couverture
Plat 1, visuel principal : © Hervé Hughes/Hemis ; visuel b. g. : © Dieter Meyrl/Getty Images ; visuel b. d. : © Christian Guy/Hemis.
Plat 4 : © Romain Boutillier.

Dernière édition revue et enrichie par **Lucie Tournebize.**
Éditions antérieures revues et augmentées par **Jean-Philippe Follet, Marjolaine Koch** et **Nedjma Van Egmond.**
Édition originale établie par **Denis Montagnon.**

Direction : Nathalie Bloch-Pujo
Direction éditoriale : Cécile Petiau
Édition : Marine Barbier-Blin, Eulalie Chantreux, Émilie Lézénès, Géraldine Péron, Adam Stambul, Julie Wood
Suivi éditorial : Marion Pipart - La Nouvelle
Lecture-correction : Marie Sanson
A également collaboré à cet ouvrage : Marella Barbera
Cartographie : Frédéric Clémençon et Aurélie Huot
Fabrication : Rémy Chauvière

Conception graphique de la couverture et de la maquette intérieure : Caroline Joubert • www.atelier-du-livre.fr
Mise en pages intérieure : Chrystel Arnould

Contact presse : rmazef@hachette-livre.fr - ☎ 01 43 92 36 66
Contact publicité : vhabert@hachette-livre.fr - ☎ 01 43 92 32 52

Aussi soigneusement qu'il ait été établi, ce guide n'est pas à l'abri des changements de dernière heure, d'erreurs ou omissions. Ne manquez pas de nous faire part de vos remarques. Informez-nous aussi de vos découvertes personnelles, nous accordons la plus grande importance au courrier de nos lecteurs :
Guides Un Grand Week-end - Hachette Tourisme - 58, rue Jean-Bleuzen, 92 170 Vanves
weekend@hachette-livre.fr
Facebook @GuidesUnGrandWeekend • **Instagram** @ungrandweekend • **Twitter** @ungrandweekenda

Édité par Hachette Livre (58, rue Jean-Bleuzen, CS 70007, 92 178 Vanves Cedex)
Imprimé par Polygraf (Capajevova 44, 08199 Presov, Slovaquie)
Achevé d'imprimer : décembre 2017
ISBN : 978-2-01-700857-6 - 63-4073-2
Dépôt légal : décembre 2017 - Collection n°44 - Édition : 01